司法取引、クラスアクションの
実態と日本企業の対応

国際カルテルが会社を滅ぼす

弁護士・公認不正検査士
山口利昭・
弁護士・NY州弁護士
井上朗・
組織マネジメントアドバイザー
龍義人 著

同文舘出版

はしがき

本書は、国際取引を行う日本企業の経営者、経営幹部をはじめ、国際取引に関わる多くのビジネスパーソンに向けて企画、出版されたものである。

企業不祥事からリスク管理の方法を学ぶにあたっては、自社が痛い目に遭い、その教訓から学ぶ、もしくはマスコミ等で公表された他社事例から学ぶというのが一般的である。

しかし、これだけ脅威とされる国際カルテル事件については、このような手法はあてはまらない。なぜなら自社の失敗はとりかえしのつかない損失を被ることになり、教訓どころの話では済まない。また、他社事例といっても、国際カルテル事件は長期間、社内でも情報管理を徹底して対応するので、その事件の全貌は明らかにされないからである。

本書は、実際に反トラスト法違反事件に関わった龍と山口との対談をもとに、これまであまり明らかにされてこなかった国際カルテル事件への日本企業の対応を紹介したものである。また、国際カルテル事件の最前線で、日本企業の代理人チームを指揮する井上が、対談のレビューに加え、補足の解説を付けて内容を充実させている。そして、山口による内部統制の視点による解説、さらに国際カルテルの脅威を伝える井上のメッセージも併せて掲載している。海外の競争法を一から解説したものではないが、実際に国際カルテルの脅威に直面した経験、また日々日本企業のために国際カルテル事件と奮闘する国際弁護士の知見をもとに、日本企業の具体的な対策を検討するためには最適の一冊である。

本書を上梓するに至ったのは、偶然にも3人の思いが共通していたからである。国際カルテル事件のリスクの重大さ、（法務担当者や代理人弁護士が過労で倒れる等）事件対応の困難さを多くのビジネスパーソンに知っていただきたい、そして一刻も早く、多くの企業に国際カルテル事件に遭遇しないための対策をとっていただきたいとの願いである。

現在、世界規模で反トラスト法に基づく取締が行われている。世界各国で反トラスト法が強化され、各国間で反トラスト取締協力協定が締結されている。このような情勢の中、各国における反トラスト法違反事件の摘発は急増し、またその執行も厳しさを増している。本書で取り上げた米国司法省、欧州委員会競争総局による摘発だけでなく、今後は中国、ロシアなどによる摘発事例も増えるであろう。また、わが国の公正取引委員会による立件もさかんになるであろう。このような時期に本書を世に出すことは、まさに時宜に適ったものと言える。日本企業の関係者におかれては、ぜひとも「手遅れ」になる前に、本書を参考に、国際カルテル事件回避に向けた準備をされることを願ってやまない。

関西風にいうならば「企業は儲けてナンボ」である。せっかくグローバル戦略をとるのであれば、企業は儲けなければならない。しかし海外で儲けるにはそれなりの「流儀」がある。その身につけるべき流儀が国際カルテル対応であろう。これを知らずに制裁金や民事賠償金の長期分割金の支払を余儀なくされ、また、企業の大黒柱である経営者を、異国の刑務所へ送り込んでしまっては身も蓋もないのである。本書は、安心して「儲けてナンボ」の世界に挑むための「お守り」代わりとしてお読みいただければ幸いである。

最後になるが、きわめてタイトなスケジュールにもかかわらず、出版企画、編集、校正の作業を担当された同文舘出版の青柳裕之氏に、御礼申し上げる。

執筆者を代表して　山口利昭

国際カルテル●目次

序　国際カルテルの脅威……1
―国際カルテル事件と本気で闘った龍義人との対談に寄せて
1　新聞報道だけではわからない国際カルテル事件の真実　2
2　龍との対談実現の経緯について　3
3　対談の概要について　5
4　読者へのご注意―本書をお読みになるにあたって　13

第1部　対談篇

1　米国司法省との攻防……17
1　捜査の開始　18
2　社内調査　30
3　刑事手続きとＤＯＪとの攻防　53

2 ハイエナ訴訟……79
1 民事訴訟の概要 80
2 連邦民事訴訟とその和解交渉 87
3 州民事訴訟 92
3 カーブ・アウトの取り扱い……115
4 欧州委員会への対応……125
5 国内対応……143
6 海外向けコンプライアンス体制……149

第2部 解説篇

1 海外不正リスクに対する社内体制の整備……161
1 前向きのリスク管理が求められる国際カルテル事件への対応 162
2 国際カルテルへの社内体制を検討するための枠組み 165
3 国際カルテルの防止体制（不正の抑止） 166

4　国際カルテルの早期発見体制　175
5　国際カルテルの有事対応　184

2　企業経営と反トラスト法・EC競争法上のコンプライアンスについて

……193
1　本書でお伝えしたいこと　194
2　問題点はどのようなものか　196
3　どのように問題点を解決すればよいのか　202

【資料1】米国司法省における近年の日本企業に対する主な摘発事例　227
【資料2】欧州委員会における近年の日本企業に対する主な摘発事例　219
【資料3】連邦量刑ガイドライン　§8B2.1.　215
【資料4】連邦量刑ガイドライン　§8C2.5.　208

序

国際カルテルの脅威

―国際カルテル事件と本気で闘った龍義人との対談に寄せて

1 新聞報道だけではわからない国際カルテル事件の真実

複数の国にわたり、複数の企業がカルテル行為（不当な販売制限）を行うことを一般に国際カルテルという。日本企業が海外に販路を求めてグローバル化すると、当然のことながら他国における競争制限的行為への制裁が待ち受ける。近年、日本企業による競争制限行為に対しては海外での摘発が厳格化されており、とりわけ米国や欧州（ＥＵ）における競争法違反行為の厳罰化が顕著である。

マスコミでも、おそらく２０００年頃から、国際カルテル事件の脅威について報じられるようになった。特に２０１３年になると、国際カルテル事件で摘発された多数の日本人社員が、米国司法省との司法取引の末、禁固刑を宣告されている事実、判決後、米国の刑務所で生活を送っている事実等が全国紙で報じられ、日本企業を震撼させた。さらに２０１４年には、上場会社の元社長が米国司法省との司法取引の末、１年６カ月の禁固刑に処せられたことも報じられ、日本企業の経営者にも、全社体制で真剣に国際カルテルリスクに取り組まなければならないという機運が高まりつつある。

最近の日本企業の国内における不祥事は、自社のリスク管理のために参考となる他仕事例が比較的容易に把握できる。刑事手続きが開始されるとマスコミが競ってこれを報道し、また刑事手続きに至らないケースでも、（企業が信頼回復のために自浄能力を発揮して）社内調査や第三者委員会調査に基づき、不祥事の全容を明らかにするからである。

しかし、国際カルテル事件はまったく様相を異にする。例えば米国司法省が司法取引の結果をリリースするまで、日本企業がどのようなカルテル行為に関与して、どのような事態に至ったのかはわからない（なぜそのようなことになるのかは対談の中身をご覧いただきたい）。また、摘発された国際カルテル事件によって、日本企業がどれほどの期間、その対応に追われ、どの程度の費用をカルテル事件の対応に要するのかは語られることはない。つまり、国際カルテル事件のリスクはきわめて大きいものである（らしい）ということは理解しつつも、実際のリスクの大きさを定量的に把握することはきわめて困難なのである。

2　龍との対談実現の経緯について

私（山口）は、日本企業が把握しておくべき国際カルテルリスクの大きさを知ることは、企業がコンプライアンス経営を実行するためには必要不可欠だと考えている。また、国際カルテル事件を念頭に置いて、「どうすればリスクを回避できるのか」あるいは「どうすればリスクが顕在化したときに損失を最小限度に抑えることができるのか」という点を理解し、コンプライアンスプログラムを実施することは、グローバルに事業を展開しようとしている企業にとっては大変有意義であると痛感している。

そこで、このたび、ある上場会社において、国際カルテル事件の処理を担当した龍義人に対談を依頼し、国際カルテル事件の全貌を明らかにしてもらおうと考えた。

龍は、会社、そしてカルテル事件に関与したとされる社員のためだけに、長期間、ひたすら奔走した。しかも国際カルテル事件への対応は、対談の中でも明らかにされるように、社内でも極秘とされた。まさに社長（およびごく少数の経営トップ）と龍との二人三脚であり、必死に国際カルテル事件と闘う日々を過ごしたのである。

私（山口）は、国内における企業コンプライアンス支援の経験しか有しておらず、国際カルテル事件の対応に精通する者ではない。しかし、龍から国内対応に関する相談を受ける中で、彼の長年の国際カルテル対応の経験に非常に興味を覚えた。そこで展開されているストーリーは、国内の刑事、民事案件しか手掛けたことのない私には、あまりにも衝撃的なものであり、企業法務の世界といえども、別次元の出来事に思えた。そして、彼にその経験を語っていただくことは、国際カルテル事件のリスクに無頓着な日本企業への警鐘になると確信した。もちろん、これまでも国際カルテル事件の最前線で対応されている法律実務家の方々の指南書や、海外の競争法に詳しい研究者の方々の専門書が多く世に出版されている。しかし、実際に司法取引の現場で苦慮した体験、米国の刑務所での禁固刑というものに直面させられた人たちを支援した経験、そして次から次へと押し寄せる民事事件も含め、龍が24時間体制で対応してきた知見は、経験した者でなければ語れないものと確信する。この貴重な経験こそ、今後の日本企業のリスク管理に活かされるべきである。

そこで、龍がこれまでの経験から学んだ知見を、可能な範囲で披露することを承諾してもらい、この対談に至ったのである。

3 対談の概要について

ここで、対談の概要について少しだけ触れておきたい。

(1) 国際カルテル事件への初動対応

まず海外捜査機関とのファーストコンタクトの重要性である。例えば現地の米国子会社に誰がやってくるのか、何を聞きにくるのか、担当者はどのように応対すればよいのか、という点である。国際カルテル事件における捜査当局のファーストコンタクトの意味を理解できずに応対してしまうと、企業として大きなリスクを抱え込むことになってしまうことが対談の内容から理解できるものと思う。なぜ米国内で独禁法違反行為をしていない日本企業が、海外の捜査当局から摘発を受け、その摘発が日本の親会社にまで及ぶのか、そのあたりの実務も理解できるはずである。

国際カルテル事件の摘発を受けるのは、企業の重大なリスクが顕在化した場面である。私（山口）のような国内案件しか手掛けたことのない弁護士からすると、ともかく日本の親会社としては、法務担当部署が総動員で現地子会社と親会社を奔走し、「何が起こったのか」を把握するために社内調査を徹底しなければならないと想像してしまう。しかし、このような対応が企業にとって命取りの行動になることがある（国際カルテル事件では、親会社の経営トップとごくわずかの担当者との二人三脚で長期間にわたる対応を余儀なくされた、とマスコミで報じられることがある）。なぜ少人数で対応した方が企業のリスク管理としては適切なのか、そのあたりも対談から明らかになる。

次に、国際カルテル事件のリスクに直面した企業において、気になるのが弁護士費用であろう。例えば米国子会社がカルテルによって捜査を受けた場合、どのように米国の法律事務所と信頼関係を形成すべきか、また日本国内の法律事務所の支援を受けることがどのようなメリットをもたらすか、という点について、この対談を通じて理解していただきたいところである。

海外の法制度（例えば刑事手続きや民事手続き）を一から勉強をすれば、海外カルテルへの国内対応のベストプラクティスも自社で検討できるかもしれない。しかし、そのような人材を社内に備えていないのが一般的であろう。そうなると、例えば国際カルテル事件に直面した企業にとっての厳しい問題が証拠の取扱いに現れる。発生した不正事実を把握する努力を企業が尽くしたとしても、そこで把握した事実が果たして自社にとって有利な事実なのか、不利な事実なのかがわからないのである。また、開示を求められてこれに応じなければならない証拠、弁護士との秘密交渉が保障されているために開示を拒否できる証拠の区別もわからなければ、企業はきわめて不利な立場に立たされる。さらに、近年は日本に独特の商慣行が存在することを、海外捜査当局が熟知しているために、日本の商慣行は、海外の捜査当局にとっては「宝の山」になっているのである。また、日本企業が海外の法制度を理解していないがために、自分たちが「良かれ」と思って証拠を作成し、廃棄する行為がとんでもないリスクに発展してしまうこともある。このあたりの対応も、この対談内容からヒントが見いだせるはずである。

(2) 司法取引・刑事裁判手続きへの対応の現実

わが国でも、2014年の法務省法制審議会の議論を通じて、刑事手続きに司法取引の制度が導入される可能性が出てきた。汚職や詐欺、横領などの経済犯罪と、銃刀法や覚せい剤取締法が規制する銃器・薬物犯罪を対象として、容疑者や被告が共犯者など他人の犯罪を明らかにした場合に刑事処分が軽くなる「見返り」を得られる仕組みのようである。一方、国際カルテル事件では、もはやリニエンシーやアムネスティプラス（犯罪行為の自主申告制度）は刑事手続きには当たり前の制度とされているが、日本企業にとってその実務の内容はそれほど明らかにされていない。

そもそも私（山口）の常識では、和解交渉は、自分の持ち駒、相手の持ち駒をあらかじめ知っていることを前提として行われるべきものである。このまま最後まで徹底抗戦をすれば裁判に勝てるのか、負けるのか、勝ったとしても現実の満足は得られるのか、訴訟のプロとしての知恵と知識をもって駆け引きを行うことが和解交渉だと思っている。しかし、この対談を通じて、海外の捜査当局と向き合う日本企業（あるいは企業関係者）の司法取引は、そのような和解交渉の常識が通用しない。相手の持ち駒どころか、自分の持ち駒さえよく把握していない状況で「さあ、これだけの罰金と関係者の実刑で済ませるから、事件の全面的解決に向けて捜査に協力しろ」と言うのである。果たしてこの状況で司法取引を行うことが、企業の経営者らにとって日本の株主代表訴訟に耐えられる行動（善管注意義務の履行）と言えるのだろうか。そもそも、このような捜査当局の提案に応じることが、法を適用する側の「正義」というものに値するのだろうか。このあたりは、おそらくお読みいただく方の意見が分かれるとは思う。しかし、これが海外捜査当局による司法取引の現実なのである。日本企業が、欧米やアジアでビジネスを展開する、ということは、こういった「正義」がまかり通る中で行われる、といった覚悟が必要なのであろう。

また、日本企業として、リニエンシーやアムネスティプラスの制度がどのようなものであるか、という点はすでにさまざまなメディアでも紹介されている。しかし、これが日本企業をターゲットとして、いわば「日本企業仕様」としてうまく機能するように海外の捜査当局が研究している事実についてはあまり報じられていない。おそらく海外の捜査当局も、これまで日本企業を摘発してきた数々のカルテル事件を通じて学んだ知恵が、このリニエンシー制度、アムネスティプラスの活用に垣間見える。日本企業が、国際カルテルリスクへの対応を学ぶように、海外の捜査当局も、より効果的に日本企業を摘発する方法を学び、その成果はすでに発揮しつつある。対談では、単なる制度の紹介だけでなく、現時点において、リニエンシー、アムネスティプラスが、日本企業向けにどのように活用されているのか、その最前線を紹介する。また、司法取引が終了した後の、実際の刑事裁判手続きについてもほとんどの企業関係者には不明な点が多いと思われるため、龍に詳細に語ってもらった。

(3) ハイエナ訴訟（国際カルテル事件の民事訴訟の実際）

タイトルとしては上品とは言えないが、これが龍との対談で抱いた彼と私（山口）の国際カルテル事件に関する民事訴訟のイメージである。捜査当局との司法取引の先には、私の抱いていたイメージをはるかに超える、まさに常識を超えた民事訴訟が待ち構えていることを知った。

先にも書いたとおり、本対談の特色は、長年国際カルテル事件に携わってきた本人が登場している点にある。つまり、刑事手続きだけではなく、長年の民事裁判の苦労も味わった当事者が対談に応じている点が貴重である。1つの国際カルテル事件が終わるまでに7年から10年を要すると言われているが、マスコミや雑誌が取り上げる国際カルテル事件は、最初の刑事手続きの恐ろしさに焦点があてられるだけで、この残された長い期間の苦しみを報じたものはみられない。本書の対談の後半では、この日本企業が直面せざるを得ない「海外における民事訴訟の苦しみ」にも焦点をあてて、詳細に取り上げている。

例えば米国において国際カルテル事件で司法取引に応じた企業はどのようなタイプの訴訟に巻き込まれるであろうか。また、そのような訴訟への対応として、日本企業がどのようなことに留意しておかなければならないだろうか。私（山口）のように、海外案件に精通していない弁護士からすると、クラスアクション（集団訴訟）や懲罰的損害賠償制度（実損害の3倍の賠償金を支払う制度）が想起され、また手続においては証拠開示制度（ディスカバリー）への対応などが留意点だと認識している。しかし、長年民事訴訟に対峙してきた龍からすると、民事訴訟においても「無罪を争うよりも執行猶予を目指せ」というものである。つまり、起こされるべき民事訴訟のタイプごとに、対応を変えて検討しなければならず、またそもそも司法取引に応じているのであるから、最後まで争うことを前提とするような懲罰的損害賠償やディスカバリー制度への配慮よりも、いかに効果的効率的に訴訟を終わらせるかを検討することが重要だとしている。その効果的効率的に訴訟を終わらせる知恵というものは、対談の中でいくつか紹介されている。

なお、この民事訴訟については、法律家である私（山口）としてもなかなか理解し難く、素朴な疑問の湧くところが数か所存在した。その素朴な疑問（例えば損害の二重算定になるのではないか、損害賠償額算定の判断根拠があいまいではないか、といった理屈上の疑問点）を龍にぶつけているところもあり、最終的には彼と疑問点を共有しているところもある。このような疑問点をどう解決するかは、本書をお読みの方々にも一緒にお考えいただきたいところである。

(4) 適用除外(カーブアウト)された会社関係者の対応

国際カルテル事件への対応としては、会社としてどう対応すべきか、という点だけでなく、捜査当局から容疑をかけられた会社関係者としてどう対応すべきか、という点も重要である。例えば海外の独禁法に違反して有罪となり禁固刑の判決が出たとしても、それは海外の司法制度の下で出た判決である。日本国の主権の及ぶところでそのまま執行されることはないのが原則であろう。しかし、平成26年1月、ある日本の上場会社の経営トップが司法取引によって1年6カ月の実刑(禁固刑)を選択した。なぜ司法取引をしてまで実刑を選択するのだろうか。つまり、「所詮は海外の裁判所で刑事判決を受けたに過ぎない。海外に出国しないかぎりは捕まらない」と安閑としてはいられない状況が存在する。そのあたりの会社関係者、とりわけ経営幹部職クラスの方々の対応に焦点をあてて、対談ではかなり具体的に対応策を語り合った。

また、召喚状に応じて刑事裁判を受ける場合、つまり実刑を進んで受けた場合には、一体どのような刑務所で禁固刑を受けるのか、その刑務所での生活ぶりはどのようなものなのか、という点も対談の中で龍に語ってもらった。さらに、会社の収益拡大のために海外でカルテル事件に巻き込まれた社員の処遇はどうなるのであろうか。会社は「コンプライアンス違反を犯した」ということで会社のために働いた社員を切り捨てるのだろうか、それとも家族を含めて生涯面倒をみてくれるのだろうか、社員個人に支払義務のある高額の罰金や米国弁護士の高額報酬は会社が立て替えて払ってくれるのだろうか。こういった問題は、実際に容疑者となった社員だけでなく、他の社員にとっても関心の高いところである。このような難問についても、本対談の中で、できるだけ龍の経験を踏まえながら、現状を語ってもらった。

(5) 欧州委員会への対応・国内対応等

企業のグローバル競争が進み、収益獲得に国境がない状況にある中で、競争法違反の取締についても捜査共助が進んでいる。これはＥＵでも日本でも例外ではない。したがって、いずれかの国、地域が国際カルテル事件の摘発に動くと、これに連携して他の諸国も摘発に動く可能性が高くなる。そこで、対談の中では、例えば米国で捜査機関が動き、これに対応して司法取引を行った場合に、欧州委員会はどう対応するのか、また日本の公正取引委員会はどう対応するのか、といった点を対談の中で取り上げた。特に欧州委員会の国際カルテル事件への対応は、きわめてスピードを上げて対応しなければならないために、結局のところは平時のリスク管理の巧拙に辿りつくのではないか、といった印象を受けた。詳しくは対談の内容を参照いただきたい。

また、対談の最後に、龍には、こういった国際カルテル事件への平時の対応としてのコンプライアンス体制の構築について語っていただいた。そもそもこれだけの大きな不正リスクを抱え込まないようにするためには、まじめにコンプライアンス体制の構築に取り組むことが最も重要である。多少の金銭的な負担が伴ったとしても、対談で語られたような多大な金銭的負担に直面するくらいであれば、当然に体制構築に勤しむべきである。なお国際カルテル事件を予防、早期発見するための平時における国内対応については、私（山口）の執筆した箇所も参照いただきたい。

4 読者へのご注意――本書をお読みになるにあたって

本書を世に出すにあたっては、共著者である井上朗が目を通している。井上は国際カルテル事件に直面した企業ならびに企業関係者の代理人、弁護人として長年の経験を有しており、いわばこの分野における日本の第一人者の法律実務家である。井上からも、現時点における国際カルテル事件の脅威、そしてこれに対する日本企業の対応のあり方について多くの示唆を得ている。さらに、井上の執筆箇所をお読みいただくと、日本企業が国際カルテル事件と闘っている最前線の状況がおわかりいただけるものと思う。ただ、国際カルテル事件の取締は、各国の政治情勢や海外政策の影響を受けやすく、また各国の法制度も変遷することがある。したがって、対談で語られることが、今後発生する国際カルテル事件のすべてに妥当するものとはかぎらない。したがって、今後国際カルテル事件に実際に直面した企業におかれては、速やかに国際カルテル事件に精通した弁護士等に、具体的な対応方法を確認されることをお勧めする。ただ、いずれにしても平時からコンプライアンス体制を構築しておくことが、国際カルテル事件による巨額の費用負担から解放される唯一の方法であることは間違いない。

第1部

対談篇

1

米国司法省との攻防

1 捜査の開始

◆ファースト・コンタクト

山口
米国独禁法の執行機関のうち、主に刑事面を扱うのはDepartment of Justice、いわゆるＤＯＪと呼ばれる米国司法省だと思いますが、そのＤＯＪからのファースト・コンタクトはどのように行われるのでしょう？

龍
いくつかのパターンがあると思いますが、私の知っている事案では、ＤＯＪが米国連邦捜査局（ＦＢＩ）と一緒に突然、親会社が日本にある米国子会社を訪問したようです。

山口
電話による事前のアポイント等は一切なくということですね？

龍
はい、そう聞いています。

山口
いわゆる夜討ち朝駆け的な立ち入りといったところでしょうか？

龍　オフィスを開けた途端朝一番に…かどうかはわかりませんが、事前に連絡することで、証拠を隠滅したり万全の準備をする時間を与えないという趣旨で突然に来訪したのではないかと推測しています。

山口　そのやり方が一般的なのでしょうか？

龍　必ずしもすべての事案で突然の来訪があるかどうかまではわかりません。後でお話する書面が、ファクスと郵送で送られてくるというパターンもあるかもしれません。ただ、先ほど申し上げた推測が正しいとすれば、突然の来訪が一般的であっても何ら不思議ではないと思います。[*1]

以前、ある1社がＤＯＪに協力して隠しカメラを設置し、同業他社が集まって実際にカルテル[*2]を行っているところを撮影した上で一斉に検挙したといったニュースもみた記憶があります。しかし、今のように厳罰化とリニエンシー制度[*3]が普遍化してきている状況では、ある1社がリニエンシー制度を利用してＤＯＪにさまざまな情報を提供し、その情報に基づいてＤＯＪ等が突然訪問するというパターンが一般的

memo

＊1　FBIとDOJの合同捜査という実務は近年定着してきており、決して珍しいことではない。来訪時のFBIとDOJの役割分担もよく準備されたものであり、単にSubpoena Duces Tecum（召喚状）を手渡すだけではなく、任意のインタビューを通じて、複数の目的を達成しようとする。以前は、Subpoena Duces Tecumの手渡しだけであったが、さらに捜索押収の執行まで実施する例もある。FBIとDOJがなぜペアを組んで、郵送してもよいSubpoena Duces Tecumを手渡しに来るのかその意図に気がついている日本の事業会社はどれくらいあるだろうか。そのような問題意識をもって本書を読み進めていただきたい。

＊2　同種の事業に従事する事業者が、競争を避けて、互いの利益を確保するため、価格や販売先などについて相互に情報を交換して、事業活動を遂行こと。いわゆる「談合」や「握り」と呼んでいる行為よりも広い概念である。ビジネスマンが自らの常識として認識しているカルテルと、実際に摘発の対象とされているカルテルには齟齬がある。相互に意思の連絡があることが必要である。

ではないかなと推察します。

山口　ちなみにＦＢＩというのはあのＦＢＩですか？

龍　はい、あのＦＢＩです。司法省に所属していて、国家の安全保障に関する事件や複数の州に渡る広範な事件など、連邦レベルの大きな事件の捜査を担当する機関ですね。なぜＦＢＩも一緒だったのかその趣旨は定かではありませんが、今から考えれば、訪問目的が国際カルテルという重大な国際犯罪に関するものだったからではないかと推測しています。

ご存じのとおり、米国独禁法で禁止されているカルテルの違反というのは、経済事犯とはいえ、米国ではFelony、すなわち殺人や強盗等と同じクラスの重罪に該当する大変重い犯罪です。したがって、少なくともファースト・コンタクトにおいては、ＦＢＩがＤＯＪに同行してきても不思議ではないかなと想像します。[＊4]

memo

＊3　反トラスト法や競争法違反の行為に従事した場合であっても、証拠や書類をそろえて自己申告することによって、刑事告発を免れたり、罰金・制裁金・課徴金を免除されたり、減額されたりする恩典が与えられる制度。米国をはじめ、世界で50以上の国および地域等で導入されている。罪を犯したにもかかわらず、仲間を裏切ることで罰を免れる、密告者の罪を許すという、人と人との信頼を断ち切るあまりに「あからさま」な取引自体、信義を重んじる日本人のメンタリティにはなじまないといわれていたが、2005年の独占禁止法改正で日本にも導入されるや、その運用が定着している。

＊4　DOJとFBIが来るのは、Subpoena Duces Tecumをもってくるときか、Search and Seizure Warrant（捜索差押令状）を執行するときで、いずれも、被疑事実について記載がある。

連邦規則によるかぎり、両者の間には執行できる権限に差があり、実務場面では、good man and bad man rule※を基本としてうまくヒアリング方法を組み立てる。組み立ての仕方は、共通の達成目標を前提とした柔軟なものと言える。ただ、微罪で現行犯逮捕できることから、強硬にでるのはFBIが一般である。

※good man and bad man rule：心理学を応用した交渉テクニック。軍事においてはマットとジェフ（Mutt and Jeff）という呼称で知られ、良い警官と悪い警官（Good Cop/Bad Cop）、共同質問（joint questioning）あるいは友人と敵（friend and foe）としても知られている。尋問に使用される心理学的な戦術であり、共同質問の定石の１つである。

山口

同じカルテルといっても、日本の感覚とは少し違うのでしょうね。

◆ＤＯＪによる質問―法律感覚の違いとその恐ろしさ―

山口

それで、その後はどうなったのですか？

龍

詳細はわかりませんが、ＤＯＪからいくつか質問をさせてもらってよいかとの要請があったようです。それゆえ、その子会社の日本人幹部社員が対応したと聞きました。

山口

どのような質問がなされたのでしょう？

龍

捜査の対象となっている製品に関して、同業他社はどこかとか、その他社の担当者は誰かといったことを質問されたようです。対応した日本人幹部社員は捜査対象の製品を担当していたので、その場でわかる範囲の回答をしたとのことです。

山口

任意の聞き取り捜査がなされたということですか？

龍　厳密な法的評価までは私はわかりませんが、おそらくそうだったのではないかと思います。*5

山口　DOJに対応したのは、その日本人幹部社員の方お1人だったのですか？

龍　はい、そう聞いています。他の事案でもすべて1人だけで終わるのかどうかまでは知りませんが…。

山口　インハウス・ロイヤー（社内弁護士）等が同席するといったことはなかったのですか？

龍　いや、その子会社は会社の規模や組織等から、インハウス・ロイヤーはいなかったため、同席はありませんでした。
ただ、その点は大変重要なご質問なりご指摘だと思います。
後で聞いた話ですが、その子会社が雇用している一部の米国人は、顔を真っ青にして「弁護士にすぐ連絡しろ！」とアドバイ

memo

＊5　DOJからの質問は多くの場合、捜査活動の一環であり、Informal InterviewやDrop in Interviewと呼ばれている。身柄拘束はないものの、虚偽陳述をすると、Conspiracy to Commit an Offense or Defraud the United States（18 U.S.C. § 371）やFalse Statement to a Government Agency（18 U.S.C. § 1001）といった犯罪を構成するので、回答には十分な注意が必要である。しかも、こういったDOJおよびFBIのインタビューは身柄拘束を伴わないため、黙秘権があること、供述は法廷で不利に用いられることがあること、弁護士の立会いを求める権利があること、および自分で弁護士を選任する経済力がなければ、公選弁護人を選任することができることの告知を含む「ミランダ警告」の必要がないと考えられており（United States v. Hocking, 860 F. 2d 769（7th Cir. 1988））、それにもかかわらず、ここで得られた供述は、実際に、公判廷で、伝聞法則の例外により、会社や個人の不利に使われることもある。DOJからの質問は、これから続く、DOJとの長い付き合いにおいて、法律上は、きわめて重要な意味をもつのだが、その重要性を、日頃から、従業員に周知徹底しているだろうか。このような周知徹底を怠り、実際に会社に不利益が発生した場合、会社に対する善管注意義務を全うしていると言えるのだろうか。

スをしたようです。しかし、対応した日本人幹部社員は、「大丈夫だから」と言って1人でDOJの質問に応じたということです。

この状況は、米国の独禁法の恐ろしさを十分に理解している米国人と、その法律自体を十分理解しないまま米国でビジネスを行っている日本人、とりわけ、日本でのビジネス感覚をそのまま米国に持ち込んで仕事をしている日本人が、見事に対比される場面ではないかと私は思っています。

すなわち、独禁法違反の嫌疑でDOJに乗り込まれたら、会社として巨額の罰金を支払うだけでなく、場合によっては個人も罰金を科され、あるいはさらに牢獄にも入れられる併科となり、その後の人生が大きく狂わされてしまう可能性があることを、米国人はごく当然に理解しているわけです。

しかし、その理解がない日本人は、DOJやFBIに請われるまま、たとえ任意であっても容易に質問に応えるといった、いわばきわめて日本人らしい対応をしてしまうということです。もしその日本人が、米国人の理解の5分の1でも米国の独禁法やそれによる会社・個人へのインパクトの恐ろしさを理解していれば、そのような対応にならなかったのではと推測します。

したがって、DOJの聞き取り捜査に積極的に協力すること自体は良いことですが、その内容が将来会社やその個人、あるいは他の従業員に大きな影響を及ぼしかねないことを考えると、せめて普段お世話になっている現地の弁護士事務所に連絡してその指示を仰ぐなどのアクションでもあるべきではなかったかと考えます。

もっとも、後から冷静になって考えれば何とでも言えるのでしょうが…。

山口　なるほど。やはり現地の法令や実務等を知らないまま外国でビジネスをやることの怖さというのは、こういうところでも現れてくるということですね。

◆メモのとり方に注意を…

山口　その他に、ＤＯＪ等の質問に対応されたことに関して、何か記憶に残っておられることはありますか？

龍　単なる推測でもよければ、１つ思い出したことがあります。

その対応した日本人幹部社員によれば、ＤＯＪ等から質問され、同業他社の名前や捜査対象になっている製品の各社別担当者の名前を回答した際、先方は一度もそれらの名前やスペリング等を聞き返したり確認したりすることなくメモをとっていたということです。

山口　それはどういう意味なのでしょう？

龍　その話を聞いた時点では特に何も思わなかったのですが、後でその事案が明らかになっていくにつれ、ふと頭に浮かんできたことがありました。

あくまでも私の推測ですが、ごく一般の米国人が日本人の名前を聞いたとき、一度や二度名前を聞き返したり、スペリングは何かと聞くのが普通ですよね。私たち日本人が外国人からその名前をフルネームで聞いたとき、すぐには全部聞き取れないことが多いのと同じです。

しかし、ＤＯＪなりＦＢＩは、ある程度の数の日本の会社や人の名前を聞いても、一度もスペリング等を聞き返すことなくメモを書いたというのです。これが可能なのは、おそらく、あらかじめそのメモにそのスペリングが書かれているとか、あるいはその名前に十分聞き覚えがあって、もはや聞き返すまでもなくその日本人の名前を英語で書けるといった場合ではないかと思ったのです。

とすると、その質問というのは実は真の意味の質問ではなく、単なる確認だったのではないかと思うのです。そしてそれが何を意味するかといえば、そんな名前など、すでに他社から情報として得ていたということです。つまり、訪問よりはるか以前に、他社がリニエンシーのための情報提供の１つとして、会社名や各社の製品担当者の名前などをＤＯＪに教えていたということです。

山口

なるほど。しかしそのような細かな動きに質問を受けている場で気付くことができるのは、リニエンシー制度等を含む米国独禁法を普段から十分理解した上で、きわめて冷静にＤＯＪ等に対応できることが前提でしょうね。多くの日本企業の海外子会社では、まだまだ難しいのが現実ではないでしょうか。

ただ逆にいえば、普段から子会社を置いている国の法令や諸制度を十分理解していれば、相手方となる当局の姿勢を冷静にみることで、現在の自社の立場等、何かがみえてくる可能性もあるということですね。

龍　現実にはなかなか難しいとは思いますが、理屈としてはそう言えるのではないかと思います。つまり、ある国でビジネスをするのなら、いかにその国の法令やさまざまな制度等まで理解できているか、そのための教育の時間や費用をどこまでしっかりとかけているか、もっと大きく言えば、会社としてどこまでしっかりとした国際法務体制を構築し、そのための時間も費用も惜しまないかということにつながってくるのではと思います。

◆狙いは日本―域外適用が当たり前の時代に―

山口　ＤＯＪの聞き取り捜査の後は何があったのでしょう?

龍　ひと通り聞き取り捜査が終わった後、ＤＯＪはその日本人幹部社員にSubpoena、いわゆる召喚状を手渡し、帰っていったということです。

召喚状というのはご承知のとおり、裁判所が証人や被疑者等を呼び出したり、関連書面を提出させるための呼び出し状、令状のことですね。その手渡された召喚状には、裁判所への出頭命令と、捜査対象の商品に関する書面等の物証を提出するよう書かれていました。

山口　とすると、その後は米国の子会社が代理人弁護士を選定して対応をしたということですか？

龍　いえいえ、そんなレベルで済むはずはありません。もともとＤＯＪが本命視しているのは日本の親会社ですから。もちろん、米国の子会社からも何らかの証拠となるものは入手しようとします。しかし真の狙いは、日本の親会社同士のカルテルにまでいかに手を伸ばすかということです。

山口　でも、召喚状はあくまでも米国の子会社あてに出されているのですよね？

龍　もちろんそうです。ご承知のとおり司法権・捜査権限の行使は国家権力の行使ですから、召喚状が日本の親会社あてに出されることは普通なら考えられないでしょう。

しかし、その召喚状によって提出を要求されている物証にはちゃんと定義が書かれており、そこには、当該子会社のみならず、さらにその子会社や、あるいは親会社が保有するものすべてを含むとされているのです。

つまり、米国子会社を足掛かりに、ＤＯＪは本丸である日本の親会社まで巻き込める構造にしてあるということです。

山口　そのような手法が一般的なのでしょうか?

龍　国際捜査共助に関する法律を利用して、日本にある物証を手に入れるという方法をとる場合もあると思います。

しかし、今の時代、国際カルテルの嫌疑をかけられる規模の日本企業は、現地法人の形での子会社等、何らかの施設を米国領域内に置いていることが多いでしょうから、そこを足掛かりに日本の親会社にまで手を伸ばすという方法がもはや当たり前と考えてよいでしょう。

山口　なるほど。そういう手段をとることで、米国の国家主権の行使となるＤＯＪの捜査を日本国内で行うのを避けつつ、日本企業を米国の独禁法の適用対象にするということですね?

龍　法律の詳しい解釈はわかりませんが、私はそのように理解しています。

90年代頃、なぜ米国で独禁法違反行為をしていないのに日本企業等の外国企業が米国の独禁法の適用を受けるのかといった議論が一時期なされました。

しかし、行為がどこでなされようと、米国市場に被害を及ぼす以上、米国の法律を適用するのは当然との域外適用論がもはや当たり前となり、今では米国もＥＵも域外適用を当然に行っているのはご存じのとおりです。

山口　日本企業がＤＯＪの捜査や米国の独禁法に巻き込まれるというのは、そういう手段をとるからなのですね。

龍　すべてがそういうパターンかどうかはわかりません。先ほども申し上げたとおり、ある1社がＤＯＪに協力して隠し撮りをという事案もあるのかもしれません。

ただ、一般によくあるパターンとしては、米国領域内の子会社等を足掛かりにという事案ではないかと私は考えています。

ちなみに、最近の新聞報道などをみると、中国が独禁法の域外適用、ないしはそれと同等の行為をやり始めたのではないかと思っています。また、詳細はわかりませんが、シンガポールやブラジルの当局も動きを活発化しているとの話をある弁護士の方から聞いたこともあります。

すでに多くの日本企業が中国に進出しているわけですから、今度は中国で新たな問題が出てこなければよいがと考えています。中国の競争当局が何らかの理由をつけて中国独禁法やそれと同種の法令等を適用しないよう、日本企業の現地子会社はもちろん、グローバル展開を行っている親会社の国際法務部門やコンプライアンス部門、経営企画部門、そして何よりも親会社の経営層自身が中国の関連法規等をよく理解し、役職員教育をしっかり行って、普段から海外のコンプライアンス問題に備える意識や体制、内部統制システムをもっておくことが何よりも重要なのではないかと思います。

2 社内調査

◆社内調査の方法とその理由

山口

ＤＯＪが米国の子会社等を足掛かりに日本の親会社に手を伸ばしてくるとすると、米国の子会社だけでなく、親会社そのものの社内調査も必要になってきますね？

龍

おっしゃるとおりです。事案によってさまざまとは思いますが、もし日本の親会社こそがＤＯＪの真のターゲットだとすれば、その親会社内部の事実調査を早急に行うことが重要になってきます。

山口

その際の注意点等としてはどのようなものがあるのですか？

龍

細かいことまで含めれば数限りなくあるというのが実態でしょう。しかし、召喚状で要求されている関連書類等の物証すべてを提出するためにも、まずは「捜査対象となっている製品に関して何が行われたのか」の事実関係を把握することから始めることになるでしょう。事実が何か、カルテルの存在は本当か、それはどんな形でいつ行われていたのかといったことがわからなければば、関連する物証の特定は正確にできませんので。

山口　そうすると、法務部門の方々が総出で社内調査にあたることになるわけですか？

龍　会社によってはそういうケースもあるかもしれません。また、社内でさまざまな関係者を集め、対応プロジェクトを組んであたるのがよいといった論稿も読んだことがあります。

しかし私は、きわめて限定的な国際法務担当者1～2名が、経営トップと密に連携しながら調査を進めるのが正解ではないかと思います。

山口　その理由はなぜですか？

もし大きな事案であれば会社全体にかかわる問題になり得るでしょうし、迅速に調査をしようと思えばかなりの人数も必要になるのではないかと思いますが？

龍　もちろんおっしゃるとおりです。本当に大きな事案であれば、会社が傾きかねない事態になることだって考えられます。

先ほども申し上げたとおり、カルテルというのは米国独禁法において重大な犯罪行為とされています。また、巨額の和解金支払いにつながる多数の民事訴訟も、米国ではまず間違いなく発生します。ＥＵでも火がついて、多額の制裁金を支払わねばならない可能性もあります。日本では公正取引委員会が動くことも考えておかなければいけません。そしてそれらを念頭に置きつつ、将来株主代表訴訟や対第三者責任訴訟等、役員にその法的責任を問う民事訴訟が、日本だけでなく海外の投資家等によって海外でも起こされるかもしれないことも、この段階から考えておく必要があります。

したがって、事案の対応にあたって、国際法務以外にも多くの部門が関係してくることを見据え、最初から社内プロジェクト等の形をとることにも一理あると思います。

しかしながら、社内調査という最初の段階から多くの人間に関与させるほど、その事案に関するトップシークレットに該当する情報が社内外に漏れていくリスクも高まってしまいます。そして場合によっては、ある情報の漏洩がその後の訴訟対応や役員の法的責任に大きな影響を及ぼし、取り返しのつかない事態になる可能性も考えられるのです。

山口　プロジェクト方式だと、メリットも大きいがデメリットも大きくなる可能性があるということですね。

とすれば、やはり法務部門の方々が総出で対応ということになるわけですか？

龍　法務部門が総出で対応する形も、社内調査に悪影響を及ぼす可能性が否定できないと私は考えています。

と言いますのも、社内調査は事実を把握することが第一ではありますが、「その事実が米国独禁法の実務上、いかに評価されるか」というところまで理解できなければいけないと思うからです。そしてそれは、どれだけ経験が豊富だしても、国内法務を専門にしている法務部門の方には事実上無理な話でしょう。

しかし、海外法務を担当している法務部門の方でも、米国独禁法の知識が十分になく、あるいは知識はあっても実務上の経験なり感覚の良さがなければ、やはり本当の意味では無理と言わざるを得ません。海外法務や米国独禁法という専門分野における、国際感覚の鋭さ、的確さとでも言えるでしょうか。

したがって、法務部門の人間という理由だけでその判断を無批判に信じれば、米国独禁法上、会社に不利になり得る証拠を提出してしまった、あるいは会社に有利な事実を見落とした等の、かなり高度なリスクを負う可能性が考えられるのです。

また、プロジェクトであれ法務部門総出であれ、社内の人間が同じ社内の人間に対して事実確認や調査を行う場合、一種の馴れ合いで済ませたり、あるいは調べられる側に「こいつさえ適当にごまかせば」といった対応をする人間が出てくるリスクも否定できないと考えます。

山口

法務部門総出を可能にするためには、知識でなく実務対応という面で真に経営層が信頼でき、実力をもった法務部門を会社や経営層が普段からしっかり養成しておかないといけないということですね。

龍
おっしゃるとおりです。自社の法務部門、とりわけ今のようなグローバル時代の海外コンプライアンスに対する国際法務部門のあり方について、経営層が日頃からその重要性にどれほどの意識をもち、人事面や費用面でどのような期待や取扱いをしているかが問われる場面でしょう。

◆最初から専門家に

山口
では一体どのような事実調査、社内調査をやるのですか？

龍
ベストな方法と断言できるかどうかはわかりませんが、私は、大至急米国独禁法（訴訟）を専門とする米国の弁護士事務所を選定し、最初から彼らに直接社内調査をやってもらうのがよいのではと思います。しかも、費用が許すかぎり、できるだけ規模が大きく、経験（特に対日本企業）が豊富な弁護士事務所です。そして彼らをサポートし、同時に経営トップとのパイプ役を果たす役割として、ごく少数の特定の国際法務担当者が入る形が望ましいと考えます。もちろん国際法務担当者ですから、英語を手段として法務実務ができる人が前提です。もしそういう人がいない場合は、たとえ費用がかかっても、これまでそのような実務型国際法務担当の育成を怠ってきた代償とあきらめて、法務分野に強い通訳を雇うしかないでしょう。

山口　なるほど。ということは、国際法務担当者をいわば助手代わりにして、社内の事実関係調査をいきなり米国の専門家にやってもらい、事実確認だけでなく、その米国独禁法上の評価も同時にやってもらうということですね。

龍　そのとおりです。必要ないしベターであれば、現在および将来の諸事項・諸対応もあらかじめ勘案し、「その方法が本件解決に向けた手段として、会社にとってベストの選択と判断する」旨の取締役会決議等をとることも考えてよいでしょう。

そして、1秒でも早く、事実関係を専門家の目でできるだけ正確に判断してもらい、それらが米国独禁法の実務上どういう意味をもつか、言い換えれば、何が会社にとって有利で、何が不利に働くかを判断してもらうことです。そうすることで、会社がとるべき道を専門家である米国弁護士が判断し提案する時間を短縮し、それを経営トップに迅速に伝え、会社の判断を早くするメリットもあると思います。

ＤＯＪが日本の親会社に事実上のコンタクトを開始したというのは、いわばリーガルリスクマネジメントで予想していたそのリスクが実際に発生したこと、すなわちクライシスマネジメントの状態になったということですから、その会社はまさにクライシスとの認識をもって迅速に行動することが要請されるということです。

◆どうやって見つけるのか?

山口　なるほど、確かに合理的な方法に思えますね。
しかし、そう簡単に米国独禁法（訴訟）専門の米国弁護士というのは見つかるのでしょうか?

龍　それは会社の規模や普段の弁護士との付き合い方等によってそれぞれでしょうね。
日本にある親会社が、普段から渉外案件も扱っているような優秀な日本の弁護士と良い信頼関係を結べていれば、それほど難しい話ではないと思います。その日本の弁護士を通じて、米国独禁法（訴訟）の分野で一般に優秀とされる米国弁護士事務所をいくつか紹介してもらうことができるでしょう。

そのような日本の弁護士事務所との付き合いが普段ないのであれば、今からでもよいので経営トップみずからが信頼関係を築ける弁護士事務所を探しておくべきでしょう。特に、すでに米国等の世界に進出しているとか、これから進出するといった会社は、ある程度の規模以上の米国の会社と同様、いつでも気軽に相談できる会計士や弁護士をもっておくべきだと私は考えています。

世界で戦う会社の経営者なら、当然のリスクマネジメントと言えるのではないでしょうか。

あるいはまた、すでに米国の子会社をもっている会社なら、普通はその子会社を設立した時にどこかの米国弁護士事務所にお世話になったでしょうから、その事務所と米国の子会社との間で普段から良い関係を築いておくよう日本から指示するなり、あるいは日本の親会社自身がそういった関係を維持しておくことも考えられます。その事務所が米国独禁法（訴訟）の分野で優秀ならばその事務所にお世話になることもできるでしょうし、仮にその分野が得意でないとしても、依頼をすれば他の米国独禁法（訴訟）の分野で優秀な弁護士事務所を紹介してくれることがおそらく可能です。

機会があるたびに話しているのですが、特に米国をはじめとして、海外にある各子会社は、その国のある程度優秀な弁護士事務所と普段から良い関係を保つことを勧めています。ＤＯＪの突然の訪問のように、法的に重要な事案が急に発生した場合、時差のある日本の親会社の法務部門等が動くのを待っていられない場合があり得るからです。仮に時差がほとんどないとしても、子会社のある国々の法律や実務をすべて正確に理解し、事案に応じた適切な指示を迅速に出せる法務部門等をもった日本の親会社の数は、かなり少ないのではないでしょうか？

法的な緊急事態が生じた場合、正確かつ迅速な対応指示を出してくれるのは、結局現地の弁護士事務所しかないと私は考えています。

山口

現地の子会社であれ日本の親会社であれ、普段の弁護士事務所との信頼関係が命運を分けるということですね。

龍

命運を分けるというのは少しオーバーな言い方かもしれませんが、基本的にはそういうことだと私は考えています。

特に海外へ進出済みであったりこれから進出を考える会社としては、普段から弁護士事務所、できれば海外の弁護士事務所や日本でも渉外案件も扱っているある程度の規模以上の弁護士事務所と、信頼のもてる良い付き合いをしておくことが重要だと思います。

◆米国（海外）弁護士事務所の調査の信頼性確保

山口

ところで、米国の弁護士事務所に最初から社内調査を行わせるということですが、彼らの理解や判断が適切かどうかという懸念は残るのではないですか？言葉の壁も決して小さくはないでしょう。

龍

確かに懸念が１００％払拭されるというのはなかなか難しいと思います。しかし、その懸念を少しでも払拭するために、英語のできる国際法務担当者をサポートにつけたり、法務分野に強い通訳を雇ったりするわけです。

しかし、この点について言えば、本当は日本の渉外事務所の弁護士にも調査に加わってもらい、米国の弁護士と協働してもらうとともに、彼らの理解や認識等について間違いがないかを確認してもらう方法がベストではないかと考えます。[*6]

memo

＊6　日本の渉外事務所の中でも、単に英語ができるというだけではなく、DOJの基本的な捜査手法および捜査計画を理解しており、反トラスト法違反の事件について十分経験のある事務所と弁護士を選定しておくことが望ましい。社内調査の適切性および十分性を担保させることが日本の渉外事務所を投入する目的であるとすると、調査の技量において、米国の弁護士と対等の実力および経験値を有していなければならない。そうでないと、米国の弁護士の単なる翻訳・通訳・雑用係になってしまい、日本の渉外事務所を投入する目的を達成できないからである。その意味でも、法務部門としては、普段から、渉外事務所の実力を見定め、使える弁護士を選定しておく必要があるのである。

もちろん費用的にはより多額となるため、会社によってはそこまで可能かという問題もあるかもしれません。

しかし、トータルで考えれば、それだけのメリットはあるのではないかと考えます。と言うのも、日本の弁護士にも参加してもらうことによって、米国の独禁法対応に向けて適切な社内調査活動になっているかの確認をしてもらうだけでなく、後日生じるかもしれない株主代表訴訟等において役員に有利な立場に立ってもらえる可能性があるからです。

米国の独禁法違反行為そのものに対する役員への責任追及については、すでに起こってしまった過去の話ゆえおそらく無理があると思いますが、DOJの事実上の親会社へのコンタクト以降、会社や役員はその違反行為の認定によって生じ得る会社の損失を少しでも減らすべく、常に最大限の努力を払い、善管注意義務を果たしたといった証言等が得られる可能性があるわけです。

山口

なるほど。しかしそうなると、社内調査の段階ですでに相当な弁護士費用が生じることになりますね。

龍

おっしゃるとおりです。日本の弁護士費用も決して安くはないですが、例えばNYの一流弁護士事務所のパートナーの1時間当たりの弁護士費用は、700～1000ドル前後、すなわち約7万円から10万円程度してもまったくおかしくはありません。一番活発に動いてくれる入所数年後の弁護士でも、事務所によっては1時間当たり4～5万円というケースも珍しくないと思います。弁護士費用の総額は、事案の内容や担当弁護士の数と活動時間、訴訟の件数や複雑さ等々のさまざまな事情でまったく変わってくるため一般的な話は困難ですが、私の知る範囲では、いったん訴訟が起こされて書類その他の提出等の作業が始まれば、途端に弁護士費用が大きくなり、毎月5万ドル（約500万円）、10万ドル（約1000万円）、15万ドル（約1500万円）といった、およそ100万円レベルの単位でお金が飛ぶことも珍しくないと思います。

しかし、米国で独禁法等の捜査なり訴訟に巻き込まれた以上、経営者としては覚悟せざるを得ないとしか言いようがないでしょうね。

できるだけ費用を低く抑える努力は必要ですが、米国という国でビジネスをすることを選択した以上、そのマイナス面というか、生じ得るリスクというのは、経営者としてあらかじめ頭の片隅に置いておかざるを得ません。*7

そのようなリーガルリスクを少しでも減らしたいのであれば、米国なら米国といった現地に対応するコンプライアンスについてあらかじめ学び、役職員への教育研修等をはじめ、可能なかぎりのコンプライアンス対策をとっておくしかないと思います。

memo

＊7　グローバルで活動する日本企業としては、日本国内を前提とした常識論ではなく、日本国外を前提とした常識論を企業経営の基礎にする必要がある。反トラスト法違反、とりわけ、カルテルは、米国国内では、社会全体に対する詐欺罪であり、悪質な反社会的行為であると考えられているのだが、そのような考え方を本当に理解しているだろうか。日本国内で談合するのは当たり前だから、漫然と、そのような延長線上で、何となく、日本国外での談合行為を放置したり、綱紀粛正に乗り出せないということはないだろうか。反社会的な事業活動に従事し、米国社会を犠牲にしながら利益を得るなどということは絶対に許さないというのが米国社会における基本的な考え方であり、反トラスト法の遵守を徹底しないと社会から抹殺されてしまうこととなることを、どれほどの日本企業の経営者が理解しているだろうか。日本国内で事業活動しているのと同じ感覚で事業活動していることは本当にないだろうか。

◆具体的社内調査

山口

では、具体的な社内調査の活動としてどのようなものがあるのですか？

龍

事案によってさまざまでしょうから、一概には言えないと思います。ただ、例えばカルテルのケースでは、提出すべき物証として、同業者名やカルテルがあったとされる期間に捜査対象の製品にかかわった自社の役職員の氏名や経歴、当該期間内の彼らの手帳やメモ等のすべて、ミーティングを行った際の書類や白板のコピー、会議メモ等そのミーティング内容に関するものすべて、当該期間内の彼らの出張関連記録すべて、当該期間内の販売量・価格・販売方法・利益等のビジネスにかかわる書類等といったものは、おそらくほぼ共通してどの召喚状にも書かれているのではないかと思います。

また、自社の弁護士が事実関係をできるだけ正確に把握するために、関係者としてあげられた人間、１人ひとりに個別にインタビューを行うといった作業もあると思います。

個別に行う意味は、記憶違いや思い違い、物忘れなどを確認し照合する等の意味もあるでしょうが、ご推察のとおり、各個人が何を話し、何を行ったかというのを、他の関係者のいないところで正直に話してもらうためです。

山口

今うかがったものだけでも相当な作業量ですね。

龍　そのとおりです。カルテルの場合に思い付く一般的なものだけでも、これだけの作業負担が会社に生じるということです。

しかもそのカルテル期間が1年や2年程度ならまだマシですが、5年、10年といった長期間になったり、そのために関係者数がかなりの数にのぼるということになれば、過去のさまざまな書類等を全部ひっくり返し、その中から特定された書類等を探し出すだけでも相当な労力が必要となります。

しかし、時間がある程度限られているため、やむなく一時的に理由を教えないまま誰かに手伝わせることはあるとしても、基本的には特定された数人の国際法務担当者が米国の弁護士の指示や相談のもと、その作業をやらねばならないわけです。まさに一度経験した人間でないとその苦労はわからないでしょう。少し大げさに聞こえるかもしれませんが、そういう地獄を味わった人間にしかわからない仕事と言ってもいいかと思います。

山口　なるほど。ミーティングの書類やコピーはまだわかるとしても、個人所有の手帳等まで提出させられるのですか?

龍　もちろんです。関連し得るものすべてです。会社やその中の一部の個人が犯罪行為

memo

＊8　弁護士と依頼者との間の一定のコミュニケーションについて秘匿することができるとする権利。なお、米国法と欧州法では範囲等が異なるので注意が必要である。米国連邦法を前提とするかぎり、当該特権が認められるためには、①依頼者と資格のある弁護士との間のコミュニケーションであること、②法的助言を受ける目的でのコミュニケーションであること、③コミュニケーションが秘密にされると信頼してなされたものであること、④犯罪を行う目的でされたコミュニケーションでないこと、および⑤特権を明示または黙示に放棄していないことが必要である。

の被疑者とされているのですから、弁護士との秘匿特権（Attorney-Client Privilege）[*8]等で提出が免除されるもの以外は、会社所有か個人所有かなど関係なく、提出が要求されます。特に手帳や出張旅費精算書類などは、ＤＯＪにとってはきわめて証拠価値の高いものになり得るでしょう。

もしＸＸ社Ａさんの手帳のある日の欄に、「○○社　Ｂ氏　△△時　会合」と書かれてあり、そのＢ氏の手帳の同日同時刻に「ＸＸ社　Ａさん」とでも書かれていれば、ＤＯＪとしては間接証拠としての価値がグッとあがるわけですよね。カルテルのような犯罪ではもともと直接証拠はあまり期待できず、通常はＤＯＪとしては間接証拠で塗り固めていくしかないわけですから。それに加えて、他の数社の関係者からも同日同時刻に打ち合わせ等の記述が手帳に記載されていれば、ＤＯＪにとってはいわば直接証拠により近づく間接証拠になり得るでしょう。

出張旅費精算書類も同じことです。国内のすぐ近くだったら、「こんな地下鉄代ぐらい自腹で」という人もいるかもしれませんが、どの会社であれ、基本的には仕事で立て替えた費用は清算書類等で返金を受けるはずですね。ましてや海外で会っていたような場合、出張旅費精算書を作らずに自腹でなどという人はまずいないでしょう。そうするとＤＯＪは、各社から案件関係者の一連の出張旅費精算書を提出させ、ほぼ同時期に各社が同じ場所やホテルに出張していたことを確認できれば、きわめてありがたい証拠となるわけです。

◆プラス・アルファに要注意！

山口　販売量や価格はまだ理解できますが、販売方法も聞かれるのですか？

龍　いや、常に聞かれるかどうかはわかりませんが、その可能性は高いと思います。

山口　と、言いますと？

龍　メインの狙いはカルテルでも、それに乗じて垂直的協定、つまり再販売価格維持でも引っ掛かってこないかということです。

日本企業を取り扱った経験のあるＤＯＪの検察官ほど、その傾向は強いのではないかと私は勝手に推測しているのですが…。

今はどうか知りませんが、ちょっと前までは、海外へ商品を輸出するにあたって日本の商社さんのお世話になるメーカーさんも少なくなかったのではと思います。しかし、日本の商社さんの役割というのは、英米法でいうところのDistributorなのかAgentなのかよくわからないというパターンも多かったのではないかと思います。

Agent、すなわち、法的に売買が日本のメーカーさんと米国の購入者との間で直接行われ、間の商社はあくまでもメーカーさんの代理人に過ぎないという場合は問題ありません。

しかし、いわゆる売り切り買い切りで、商品の所有権がその商社さんに移り、その商社さんが米国等で自由に販売を行うという場合、すなわちDistributorと位置づけられる場合は、「日本のメーカー同士がカルテルで決めた販売価格でDistributorである日本の商社さんに売らせる」わけですから、メーカーさんにはカルテルだけでなく、その商社に対する再販売価格維持という嫌疑もかけられる可能性があるわけです。

山口　それはとんでもない話になりますね。

龍　少なくとも、罰金額が相当変わってくるでしょうね。提出すべき証拠類も増えることになり、きわめて恐ろしい話になるでしょう。

もし実際にそういう場面になったら、現実の契約書がどうあれ、あくまでも英米法的にはAgentだと言い切るか、日本独特の商習慣で英米法上のDistributorかAgentかという二者択一で割り切れる存在ではない等と説明し、納得させられるかどうかではないでしょうか。やや難しいかもしれませんが…。

山口　法文化や商習慣の違いがこんなところでも出てくるのですね。

しかしそうなると、間に入る商社との契約時点ですでに、そういった英米法的な感覚をもって契約をしないといけないということですね。

龍
そう思いますね。理解が面倒だとか、好き嫌いといった問題ではなく、世界に出ていってビジネスをしようという会社であれば、営業部門も国際法務部門も、そして何よりも経営者自身が、普段から法律上や契約上でどういった点に注意が必要かを勉強し、理解し、教育しておかないといけないと思いますね。でなければ、いつどこでどう足をすくわれるかわかりません。
日本のビジネス感覚のまま世界へ出ていくのが一番危なく、とんでもないことに巻き込まれかねないということです。

山口
関係者を個別にインタビューという話ですが、事前にその関係者が口裏合わせをするといったことはないのでしょうか？

龍
事態の重大性を理解してない会社や関係者間では、そういうケースもあるかもしれません。しかし、「事実に反する話をしたり、本来話すべき話を率直にしなければ、会社だけでなくあなた個人も最終的には司法妨害・捜査妨害の罪を問われかねないので注意してください」といった話をインタビュー前に弁護士から聞かされれば、常識ある会社や個人なら、少なくとも積極的に嘘をつくといったことにはならないと思いますが…。
弁護士にそのような詳細な説明までさせて余計な時間と費用をかけたり、関係者が口裏合わせなどさせないよう、普段からコンプライアンス教育、独禁法教育等をしっかり行うといった、いわば企業風土や組織のあり方、経営者の意識等がより重要だと思いますね。

山口　確かにそのとおりです。いかに会社や経営トップが普段から、役職員への教育も含めた法務面を重視するか否かで、イザという時の対応が変わってくると思います。

召喚状という数枚の書類を受領しただけで、会社全体が証拠収集等の事実調査・社内調査といった大変なことになるわけですから。

龍　そうですね。ただ、本当の地獄はまだまだ先ですし、社内調査段階で注意が必要なのは証拠収集やインタビューだけではありませんよ。

◆証拠保全（Litigation Hold）

山口　まだ何かあるのですか？

龍　証拠を集める前の段階として、証拠となる可能性のあるものを廃棄や消去させないということが大変重要になります。Litigation Hold の概念に入るのかどうか、専門家でない私はよくわかりませんが、要は証拠保全です。

関係者が調査を知って突然いろいろな関連物を意図的に廃棄したり消去したりするのは、いわば証憑隠滅として当然問題外ですが、それ以外でもよく言われるのが、会社のサーバー上一定期間が過ぎれば自動的に消去されるシステム設定をストップさせるとか、個人のＰＣで一定容量を超えれば自動的にメールが消去されてしまうといったシステムを弁護士の指示があるまで解除するといったことですね。

したがって、専門の弁護士等と相談して、関連書面だけでなくどの範囲のどのようなデータ等を廃棄や消去されないようにするかを早急に決め、関係部門に指示し遵守させることがまず重要になるわけです。

山口　そうですね。物証といっても、物や紙だけではありませんからね。今の時代、むしろデータの方がはるかに量が多いとも言えるでしょうから。

龍　またそれと逆の話になりますが、紙であれデータであれ、新たな証拠となり得るものを作らないということも注意しないといけません。

◆不注意な証拠作りは厳禁！

山口　新たな証拠といいますと？

龍

書面やデータ、インタビューなどで弁護士が作成したもの、弁護士の指示によって作成された書面やデータ等は、Work Productとして証拠開示の対象外になりますよね。また、弁護士とのメールのやり取りのうち、弁護士の助言を求め、これに対して弁護士が助言を与えるという形態になっているものは、秘匿特権（Attorney-Client Privilege）によって同じく証拠提出の対象外となるはずです。

しかし、関係者の中には、「弁護士のインタビューに備えて」とか「過去の記憶を思い出すために」といった趣旨で、過去に自分がどんな出張をしてどんなミーティングをもったか等を、自主的にPCでまとめたり、手書きでメモを作成する人が出てくる可能性があります。

しかしこれは、当然Work Productでもなければ、秘匿特権の保護も受けないですよね。そうすると、その書面やメモ自体が召喚状で要求する物証に該当し得るわけですから、みずからに不利な証拠を新しく作って提出せざるを得なくなるといった結果になることも考えられるわけです。ですから、廃棄や消去だけでなく、新たに証拠となり得るものを作らないといったことにも注意が必要ということです。

山口

社内調査での注意事項を関係者全員に理解してもらい、実施してもらうのは本当に大変な作業ですね。

龍　召喚状を受け取った際の第一関門というところでしょうかね。

山口　ところで、この社内調査はどの程度さかのぼるのでしょう。社内ルールや証拠の散逸等で、社内調査にも一定の限界みたいなものがあるのではと思うのですが？

龍　社内調査の範囲は、召喚状で犯罪が行われたと記載されている期間（該当期間）すべてです。

仮に、社内ルールや日本の法令上の保存期間等が5年や7年等と決められているとしても、それに従った適切な廃棄処分をしていなかったがために、手元に10年、15年といった該当期間に属する書類等が提出証拠物に該当するものとして残っていた場合、それらもすべて社内調査・提出証拠の対象となります。

したがって、その根拠が何であれ、保存期間が終了して廃棄すべきものは、普段から決して忘れることなく廃棄することが大切ということです。

しかし逆に、該当期間内に入るとしても、社内ルールその他で適切に廃棄されたとか、外部倉庫も含め何度も調査したがどうしても見つからず、おそらくは間違って廃棄されてしまったとしか考えられない等があれば、その旨を正直に話し、決して証拠隠滅したわけではないと弁護士からＤＯＪに説明等してもらい、理解を得たという案件もあったと記憶します。

ここで一番重要なのは、該当期間に入るものであるがルールに従えば本当は廃棄されているべきものが見つかったという場合です。それが仮に自己に不利なものでないとしても、この段階で廃棄をしてしまうことがあれば、証拠隠滅に該当する可能性がきわめて高くなるからです。カルテルという犯罪に加え、証憑隠滅という罪が加わることになり、いっそう罪が重くなりかねません。

したがって、社内調査の範囲については、とにかく該当期間内に入り、調査され提出されるべきものに入るかもしれないすべてをカバーすると考えておくべきでしょう。

山口

なるほど。よくわかりました。

◆電子証拠の提出

山口

先ほど「データ」という言葉が出てきました。最近ではｅディスカバリー[*9]という言葉もよく聞くようになったと思うのですが、いわゆる電子証拠の提出とＤＯＪへの対応という点はどうなっているのでしょう？

龍

正直に申し上げると、私は電子証拠の提出について十分な知識もないですし実務経験もほとんどありませんので、弁護士等の専門家の方の指示に従われるべきと思います。詳しくはわかりませんが、ファイル形式や媒体といったものから、提出の範囲といった

memo

＊9　米国民事訴訟における証拠開示であって、電子的に保存されている情報に関するものを指す。ここで電子的に保存されているとは、情報が電子的な媒体（磁気ディスク、光ディスクなど）に記録されているという意味である。米国では連邦民事訴訟規則の改正で導入された（2006年12月１日施行）。なお、召喚状（Subpoena Duces Tecum）に基づき電子情報の提出を求められることが通例であるが、これは、民事訴訟とは異なる手続である。

実体面まで、検討することが多々あるというのが率直な感想です。

電子証拠の提出については、米国民事訴訟ではいろいろと議論されているのですが、実は、証拠開示に関するものである以上、ＤＯＪへの証拠提出といった刑事的な場面でもほぼ同内容の事項が関係してくると推測します。

例えば、同業者同士のミーティングの議題や議事録、あるいはメールのやり取り等があったものの、関係者個人のＰＣの画面上ではすでに削除されているといった場合、そのデータを復元してといった話もあるようです。バックアップテープからのデータの復元や削除されたデータの復元など、どの範囲までやらなければならないのか、十分検討の必要がありそうです。

民事については２００６年12月１日施行の改正連邦民事訴訟規則で電子データも合理的に復元可能なものは開示対象になると規定され、開示方法についても定められたのはご承知のとおりです。そして召喚状においては、最近では関連証拠の提出に電子データを含む旨の記述が印刷されているとの話を、ある弁護士の方からお聞きしています。

紙ベースの証拠であれば、すでに目の前に存在する紙の束と格闘すればよいわけですが、電子データを含むとなると、まずはそのデータに何が含まれているのか、復元して提出すべきデータはどれかといった、紙ベースの時以上の手間や費用がかかり、その分野の専門家にお世話にならないといけないのだろうと思います。時間的にも費用的にも10年、20年前とはまったく違った状況になっているのではないでしょうか。

山口

90年代から2000年代初めぐらいまでは物証といえば書面が中心で、企業側もＤＯＪもいずれも書面等が重要な意味をもっていたと思いますが、確かに2000年代初め以降は書面等だけでなく、データそのものにウェイトが移っていったといってよいのでしょうね。しかも、ちょうどＩＴ技術が急速な進歩と普及をみせてきた時代でもあると思います。したがって、ＤＯＪによる証拠提出要求に関しても、具体的に大きな影響を生じさせたと言ってよいのでしょう。現在では、書面もＰＤＦにスキャニングして、他の電子証拠と一緒に、データ解析する時代です。捜査手法も確実に進歩してきていると痛感します。

3　刑事手続きとＤＯＪとの攻防

◆選択肢は司法取引?

山口

社内調査がひと通り終了して事実関係がほぼ正確に理解でき、期限内にＤＯＪへの必要な情報提供が終わった後というのはどういう動きになるのでしょう?

龍

ＤＯＪから追加の情報提供要請があるような場合は至急その対応を行うことになりますが、そういう例外的な場合でなければ、次にＤＯＪが自社の米国弁護士経由で何を言ってくるのかを待つというのが一般的だと思います。

米国独禁法対応の実務本とうたっている書籍や論稿では、「社内調査が終われば、無罪を求めてＤＯＪと訴訟で戦うか、有罪を認めてＤＯＪに協力しつつ罰金額減額等についてＤＯＪと司法取引内容の交渉を行うか、会社の方針を決定する」といった記述がみられるものも少なくないと思います。それはそれで理屈上間違っていないと思いますし、事実そのような会社もあるでしょう。

しかし、突然ＤＯＪが訪問してきたり、唐突に召喚状が送達されてくるといった会社で、その召喚状の内容がかなり特定の事実をつかんでいるように読める内容の場合、あるいは先述したように、ＤＯＪの任意の質問に答えて日本の会社名や人物名を述べても、一度も聞き返されることなくスラスラとメモされたりするような場合は、すでにどこかの他社がリニエンシーを求めてＤＯＪに情報提供をしており、それゆえ自社にコンタクトしてきたと考えておおむね間違いないだろうと思います。カルテルを行ったとして司法取引を選んだ多くの会社が、実務上、そういった経験をした会社ではないかと推測します。

それらのいわば他社の通報によってＤＯＪからコンタクトを受けた会社というのは、実務上、書籍等が書いているような「無罪を求めてＤＯＪと訴訟で戦う」という選択肢を選ぶことはほとんどないのではと思います。どれだけ社内調査をしても、ＤＯＪが言うような疑いは微塵も発見できなかったという場合は、まさに「無罪を求めて…」ということもあるかもしれません。しかし通常は、やはり火のないところに煙は立たずということでしょう。

したがって、実務上の多くは、ＤＯＪと争うか、より有利な条件を求めてＤＯＪと司法交渉を行うかの二者択一ではなく、罰金額をはじめとしていかに会社の損失を最小限に抑える司法取引内容にするかという選択肢しかないのがごく一般的ではと私は思います。[*10]

山口　法理論と法律実務の違いという部分ですね。

龍　そういう捉え方もできるかもしれません。

いずれにせよ、ＤＯＪから突然コンタクトされてきた会社というのは、いかに刑事面での会社の損失を少なくするかということにまずは神経を集中させることになります。しかも、いかなる決断であれ、後に禍根を残さない形でできるだけ早くということが要請されます。そこで、私が社内調査の最初でお話ししたことを思い出してほしいのです。

memo

＊10　FAX用紙価格協定事件を覚えている読者はいるだろうか。この事件で、ボストン連邦大陪審は、日本製紙、三菱製紙の役員およびアップルトン・ペイパーズ社およびそのヴァイスプレジデントを起訴したが、日本製紙は徹底抗戦を継続し、26日間に及んだ陪審員の事実審理に対応し、その結果、陪審員は評決に達することができず、結果、1994年７月13日、日本製紙は無罪となった。この事件を教訓に、20年間、米国司法省は、有罪立証のための証拠をいかに固めるか工夫を重ねてきたのであり、その過程で威力を発揮してきたのが、リニエンシーであり、電子証拠であり、そして、他の競争当局との情報交換である。1994年当時と2014年とでは、召喚状（Subpoena Duces Tecum）送付時に米国司法省がすでにもっている有罪立証のための証拠および証人リストは、質的に異なるのである。1994年当時とは時代が異なる。無論、完全無罪の事案においては、無罪を求めて争うことになるのだが、完全無罪の事案かどうかの見極めは慎重にすべきであろう。有罪事案について、無罪を求めて争い、大陪審の起訴を経て公判廷で争い続けて最終的に有罪となった場合には、当然、司法取引をしていた場合よりも罰金の金額は多額となり、服役期間も長くなるのであり、このような帰結を招けば、役員としての善管注意義務にも違反しかねない。いずれにしても、無罪の事案かどうかの見極めは慎重にすべきであろう。

◆米国および日本の弁護士の効用

山口

と言いますと？

龍

多額の費用がかかることもあり、それがベストの選択肢かどうかはわかりません。しかし、社内調査の最初の段階から、米国の独禁法（訴訟）の専門家を雇い、彼ら自身に事実関係の確認と評価をさせることを申し上げました。すなわち、これまでＤＯＪと何度もやりあってきた専門家に直接調査をしてもらい、その結果に基づいて、経営トップなり取締役会と協議してもらうわけです。これだけでも、相当な時間の短縮になります。

日本の会社は、担当者や部長レベルが弁護士と話をして、それを担当役員にあげ、担当役員から経営トップや取締役会へといった段階を踏む傾向にあるかもしれませんが、世界でビジネスをやっている、あるいは今回のようなカルテルのケースに対応しなければならないような場合、そんな日本式ののんびりしたやり方ではとても間に合わないとも考えられます。

また、間に人が入れば入るほど、肝腎な部分が抜けたり、余計な尾ひれがついたりして当初の判断や情報が正確に上に伝わらない可能性も増えます。特に法的判断においては、英語はできても国際法務や米国独禁法に必ずしも詳しくない役員レベル等が間に入ることで、かえって重大なリスクにつながる可能性も否定できません。カルテル対応であれ、ビジネス対応であれ、日本ではなく世界レベルの常識をもって即断即決が求められるようなケースでは、やはりそれに対応する形をとらなければ後で取り返しがつかないこともあるということです。

しかし、「それでは米国の弁護士のいうことをそのまま鵜呑みにして早く決断すれば本当にまったく問題ないのか、経営判断の原則が適用されるため後から善管注意義務違反等の責任を問われることはないのか」といった懸念も当然出てくると思います。

それゆえ、同時に、英語に堪能で優秀な日本人弁護士も米国人弁護士の作業に参加させ、米国の弁護士の認識等に間違いはないか、それに基づく彼らのアドバイスは適切なものか、それらに従うことは日本の会社法なり善管注意義務等に照らして問題がないと判断できるかといった観点から常にチェックしてもらい、判断をしてもらうわけです。

山口

なるほど。後に生じるかもしれない株主代表訴訟や対第三者責任訴訟等の各種民事訴訟も考慮して、最初に日・米の両方の法的観点から手を打っておくということですね。

龍

そういうことです。もちろん、多額の費用がかかるのは事実なので、そういう手段をとるか否かは会社の状況や経営層の判断という話になるかもしれませんが…。

◆ある司法取引の実態

山口

それで、ＤＯＪはどのようなコンタクトをとってくるのでしょう?

龍

これはおそらくケース・バイ・ケースで、必ずしも一概に言えないというのが正直なところだと思います。

ただ、あるケースでは、まだＤＯＪへの証拠提出が十分に終わってない段階にもかかわらず、「来週プレスリリースをすることに同意すればＸＸＸ万ドルの罰金で終わらせてやるがどうか？」といった司法取引の持ちかけがあったという話は聞いたことがあります。

山口

まだ証拠提出も十分に終わっていないのにですか？

それはずいぶん無茶苦茶な話ではないですか？

龍

私たちの一般常識ではまったく考えられない話ですね。

そんな取引に応じて何億円ものお金を払ったとすれば、もし後から株主代表訴訟等を起こされ、その金額を払った理由を聞かれても何ら合理的な説明ができないでしょうから。経営者自身もまだ事実関係やＤＯＪの正式な法的判断・主張を十分把握していないのに、「その金額を払えばとにかく早期解決になると判断したので」という理由は、おそらく誰にも納得してもらえないのではないでしょうか。役員の善管注意義務違反という話にもなりかねないでしょう。

ただ、日本の事情など考慮しないＤＯＪにしてみれば、「この金額さえ払って有罪を認めればすべて終わらせてやるのだから、決して不利な話ではないだろう」との判断だったのかもしれません。

リニエンシーを狙った他社からすでに十分な情報を得ており、話を持ちかけた会社を間違いなく有罪なり司法取引にもっていけると確信していれば、彼らにとってはいかに短期間でより高い罰金額を手にできるかという判断なのでしょう。

いわば一種のゲームみたいなもので、できるだけ短時間で相手がのめる程度の高い罰金額で案件を終了することができれば、それだけ楽にノルマをこなせたということになるのだと推測します。「もうこちらには十分な証拠があるのだから、長引けば長引くほど会社にとって損失が大きくなるよ」といった感覚なのかもしれませんね。

山口　それが法的正義を担う、検察官たるＤＯＪのやることなのですか？

龍　評価は人それぞれでしょうが、私自身は、ＤＯＪが必ずしも常に法的正義を担った国家機関だとは思っていません。そういう面があるのは事実ですが、決して「正義の味方」ではないというのも真実だと思っています。その具体的な例はもう少し後でお話しできるかと思いますが…。ただそれよりも、日本企業が、米国なら米国という国に進出してビジネスを行う以上、好き嫌いは別にしてそういうケースに巻き込まれ得るということ、それゆえ日本の感覚で世界に出ていってはいけないと肝に銘じることが、何よりも重要なのではないかと考えます。

山口　世界に出ていく以上、経営者の意識やリスクマネジメント感覚自体を大きく変えなければいけないということですね。

それで結局、ＤＯＪとはどうなったのでしょう?

龍　当初提示された金額より高い金額で司法取引を行い、かつ、複数名の個人が会社と切り離されて起訴されたと聞いています。いわゆるカーブ・アウトというやつですね。

山口　金額が上がったというのは、司法取引をするまでに時間がかかったからということでしょうか。

龍　はっきりとはわかりませんが、おそらくそう考えてよいのではないかと思います。日本で株主代表訴訟が起こされる可能性がある等はＤＯＪには関係のない話で、彼らにしてみればいかに短時間で高額の罰金を得るかが重要なのでしょうから。

◆カーブ・アウトが取引材料

山口　しかし、個人が会社と切り離されて起訴されたということも考えれば、金額が上がっても取引に同意したのは時間との関係だけではないとも思いますが…。

つまり、時間がかかるほど金額が上がってしまうということだけを考慮したわけではないのではないかと…。

龍

まさにおっしゃるとおりです。特に最近の事例などで噂されている話を聞くと、時間の経過だけでなく、「会社と個人の切り離し」というのがＤＯＪの大きな武器と言うか彼らのきわめて権力的な戦術と思えます。

カーブ・アウト、すなわち会社の取り扱いからは切り離され、別個に起訴され対応しなければならない個人の数や内容について、企業が司法取引に応じざるを得ないようにもっていっているように思われます。

90年代やそれ以前というのは、あくまでも取引対象は会社であって、その交渉がＤＯＪの思ったとおり運ばない場合に、「数名の個人を切り離して取り扱うがそれでもいいのか？」といった交渉を行っていたように思います。

しかし、それが徐々にエスカレートしてきて、ＤＯＪは罰金額を上げるだけでなく、主犯格と考えられる数名をカーブ・アウトすると一方的に通告し、その内容で取引に応じろと迫ってくるようになったようです。しかも、事案や交渉の内容次第では、主犯格と考えられる数名以外に、会社の代表者等をカーブ・アウトするとか召喚状を送達するといった話を持ち出すこともあるようです。

そして最近の事例では、主犯格や準主犯格等と考えられる数名から十数名、特に上級管理職に該当する役職員を切り離すことを当然の前提とし、彼ら個人が司法取引に応じるよう、会社みずからが説得することを条件に会社との司法取引を行うといったやり方をとっている事案も現実に複数件あったとのことです。

ほんの10年、20年前は、「会社が応じなければ個人を切り離すぞ」と言っていたのが、最近では「会社と切り離して起訴する上級管理職らが司法取引に応じるよううまく説得できれば、XX万ドルの罰金額等で会社との司法取引を行う」といった、いわば逆のやり方に変わってきているように思います。

日本での会社と個人の関係というものが欧米企業のそれとは違うということを、DOJは経験を通して学習してきたと言えるのではないでしょうか。

山口　それは、表現が不適切かもしれませんが、ほとんど脅しではないですか。

龍　まったく同感です。一種の脅しと言われてもやむを得ないやり方だと思います。しかし、それが米国の独禁法、司法取引の現実だということです。だから私は先ほど、DOJというのは必ずしも常に「正義の味方」ではないと申し上げたのです。「オマエの会社とその大多数の役職員を救いたければ、ウチの国の法律に違反した数人が犠牲になるよう、会社自身が自分でその役職員を説得しろ」と言っているのですから。

実際、DOJの刑事執行責任者は、「カルテルをやめさせるには会社への罰金額を増加させるよりも、カーブ・アウトする個人の数を増やした方が効果的」と言明していると聞いています。

山口　そうだとすれば確かに法的正義の番人とは言い難いですね。

◆カーブ・アウトされた個人の対応

山口　ところで、カーブ・アウトとなった場合の会社や個人の対応というのはどのようなものなのでしょう？

龍　カーブ・アウトされた個人自身が、「自分の訴訟は弁護士の選択も含めてすべて自分で対応する。会社には一切迷惑をかけない。関与しないでほしい」という場合は別でしょうが、日本では、会社の方針なり考え方に従って個人が対応する場合が多いのではないかと思います。したがって、カーブ・アウトされた場合、会社としてどのような対応をするのかという方が問題になるだろうと思います。

まず考えなければいけないことは、会社とは別にその個人用の弁護士を探し出して雇わなければいけないということでしょう。

これは利益相反を考えてのことです。すなわち、可能性としては、そのカーブ・アウトされた個人が、「自分としては違法行為をするつもりはなかったが、会社の命令で有無を言わさずやらされた」といった趣旨の発言をする可能性が考えられます。

しかし会社の弁護士としては、「会社やその役職員は、米国の独禁法に違反するような行為はしていないし、違反していると疑われるようなこともやっていない。役職員に対しても、会社としてそのような違法行為を指示したことなどない」といった姿勢を基本的には維持しなければならないわけですね。そうするとまさに利益相反状態、Conflict of Interestが生じることになり、会社の弁護士としてはカーブ・アウトされた個人も一緒に弁護するというわけにはいかなくなります。したがって、現実にそのような利益相反状態になる可能性は低いとしても、最初の段階から会社とは別に各個人に弁護士をつけ、個人はその個人用の弁護士とともに対応をするということになります。

山口

しかし、カーブ・アウトされた個人が急に自分用の米国弁護士、特に独禁法（訴訟）を専門とする弁護士などまず見つけられないでしょう？

龍

通常は無理でしょうね。カーブ・アウトされた個人が米国に滞在していて、普段からさまざまな弁護士と交流があるといった状況でもなければ、まず難しいと思います。

もっとも現実的なパターンは、会社の弁護士に依頼して個人用の弁護士を早急につけてもらうということだと思います。その個人も、米国で別途起訴されたという非常事態で、かつ他の選択肢もない状況でしょうから、その個人用弁護士が良いだの悪いだのと言っている場合ではないでしょう。

また、その個人がまったく会社の指示やお願いを聞かない場合は別として、会社としても、会社の弁護士がその個人用弁護士と常にしっかりと情報交換し、別途起訴されようが会社として引き続き一体で対応するのが一番やりやすいわけですから、やはり会社の弁護士のルートで個人用弁護士を探してもらい、各個人につけるのがベストだと思います。

山口　その場合の個人用弁護士費用の負担はどうなるのでしょう?

龍　会社によって考え方の違いはあるかもしれませんが、私は理論さえしっかり考えておけば、後になって日本国内で何か言われる事態になったとしても、個人用弁護士の費用も会社が負担して問題ないと考えています。

私が考えているのは、いかなる被疑者といえども、有罪が認定されるまでは推定無罪が働くわけですから、その推定無罪の自社の役職員を会社が会社の費用で支援するのは当然であるというのが1つの理由です。

そしてもう1つの理由は次のようなものです。すなわち、日本と異なって米国の弁護士を雇って有罪・無罪を争うには莫大な金額が必要となるのは明白で、それを個人が自腹で負担できないことも通常は明らかです。しかし、だからといって弁護士をつけずに個人が1人で対応するのは、まったく不可能なことは言を待ちません。したがって、被疑者の権利を最大限尊重して戦うという、いわばデュー・プロセスを全うする観点から、会社が自社の役職員を守るべく費用負担することは、会社として何ら不当な支出ではないというものです。

ちなみに、ＤＯＪは個人の弁護士費用を会社が負担しようが、それらについてみずから言及することはありません。

山口　では、司法取引を行って罰金を科された時のその個人の罰金についてはどう考えればよいのでしょう？

それも会社が負担して問題ないのでしょうか？

龍　その点はかなり難しいと思います。と言いますのも、有罪がすでに確定し、犯罪者が罰金としてのお金を支払うわけですから、それを会社が代わりに払って何らおかしくないという合理的な理由づけをするのはやや無理があるのではないかと思うからです。

株主をはじめとするステークホルダーに向けて、合理的で納得してもらえる説明をするのもやや困難があると推測します。

しかし、何百万、何千万、場合によっては何億円というお金を一個人が支払うのは、かなり酷な状況となる場合があることも間違いないでしょう。年間で何千万も収入を得ている役員クラスの個人ならまだしも、上司の指示等にしたがって仕事をした結果、違法な行為とされてしまった比較的若い従業員のような場合は、個人で負担するのは無理があるのが実際ではないでしょうか。

このような場合の会社の対応はおそらくそれぞれで、金額によっては将来の退職金も含めて長期で個人に負担させる場合もあるでしょう。あるいは役員クラス全員に経営者としての道義的責任をとらせる意味で各々一定額以上の負担をさせ、それを個人の罰金にあてるというケースも考えられるのではないでしょうか。

ＤＯＪとしては、個人の罰金の原資が何であるかは問わないとの話を聞いたことがあります。その個人の税務上の取り扱いがどうなるかまでは私はわかりませんが…。

山口　有罪となるまでは無罪が推定される個人の弁護士費用と、有罪となった後の罰金の支払いとは、後に生じるかもしれない日本国内の株主代表訴訟等にも鑑み、考え方は変わるということですね。確かにある種合理的な会社判断かもしれませんね。

◆カーブ・アウトの特定とリニエンシー

山口　ところで、カーブ・アウトの対象となる主犯格や準主犯格の個人というのは、ＤＯＪとしてはどのように特定するのでしょう？

龍　召喚状に応じて証拠提出したものを参考に判断するということもあるかもしれません。しかし私は、リニエンシーを申請した他の会社等からすでに確信めいたものをもって判断していると思います。

つまり、リニエンシーを求めて最初に情報提供した会社というのは、そのリニエンシーを受けるための絶対的な条件として、どんな内容であろうとDOJに100％捜査協力をするという義務が生じます。もしその義務を果たしていないと判断された場合は、いつでもリニエンシーは取り消され、その会社が最初の罰則対象となってしまいます。したがって、リニエンシーを申請した会社は、何一つ隠すことなく自分たちの知っていることすべてを明らかにする必要があり、その中で、「あの会社でメインにやっていたのは誰、この会社はこの人間」といったことをすべて情報提供することになります。

DOJとしては、その情報に合理的な疑いがないかぎりまったく依拠して判断を行えばよいのですから、最初からカーブ・アウトとして取り扱う自分たちの〝武器〟はとっくの昔に用意しているということになります。

山口

リニエンシー制度というのは、本当に恐ろしい制度なのですね。

龍

そう考えておいて間違いはないでしょうね。喩えが必ずしも適切ではありませんが、「昨日の友が一瞬にして明日の敵になってしまう」ということです。誰だって、あるいはどんな会社だって、一番かわいいのは自分ですから、イザという時は自分さえよければという心理が働くのは当然でしょう。

リニエンシーというのは、まさにその人間心理を突いた制度と言えるのではないでしょうか。しかもＤＯＪにしてみれば、細かいところが多少違っていようが、リニエンシーを申請した会社が多少自社に有利なことを話していようが、細かい部分はどうでもよいと考えているように思われます。

もたらされた情報や話がある程度筋が通っていて、必ずしも不合理とは思えないストーリーで他の数社から巨額の罰金をとれれば、それで何ら問題ないわけです。自分たちが確定したストーリーに同意させ、同意しなければ罰金額やカーブ・アウトといった武器を使って攻めたて、最後にはやはり自分たちの提示したストーリー通りで司法取引に応じさせるということです。

◆芋づる式（アムネスティ・プラス）

山口　ＤＯＪ案件のすべてがそういうどこか1社のリニエンシー申請から始まっているということでしょうか？

龍　そのパターンが多いと思いますが、やや細かくみていくと、少し違う展開もあるかと思います。

山口　と言いますと、どういう展開でしょう？

龍　ＤＯＪがまだ気付かないうちにまったく自主的に申請を行い、それによって他社が召喚状を受け取ってというリニエンシーが1つのパターンとしてあると思います。しかしそれ以外のパターンとして、司法取引に入ることによって捜査協力義務を課され、いわば強制的にリニエンシーを申請するのと同じ形になって新たな捜査が生じるといったパターンです。

これはいわゆるアムネスティ・プラス[*11]と呼ばれるものと理解していますが、例えば、Ａという製品について他社がＤＯＪに通報し、カルテルを行っていたとして召喚状を送達された自社が司法取引を行ったとします。

その場合、おそらくほぼ100％といってよいと思うのですが、Ａ製品以外にも捜査協力義務が課され、「他の製品でも何か知っていることがあれば、今白状しろ。そうすれば、その他の製品についてはリニエンシーが適用される可能性があるし、Ａ製品についてもＤＯＪの捜査に協力的であったとして加点要素にしてやるぞ」といった話がなされるだろうと思います。

加点要素というのは、わかりやすく言えば、連邦量刑ガイドラインに則って最終的にはＡ製品についての罰金額の減額につながるような協力なり情報提供ということです。したがってそこでは、結果的にその他の製品のリニエンシーにも該当し得るかもしれないが、むしろＡ製品のカルテルに対する罰金等を少しでも軽くしてもらおうとＤＯＪの指示に従い、それゆえ他の製品についても有力な証拠がＤＯＪに集まるというパターンです。

memo

＊11　あるカルテル事件に関してリニエンシー申請は認められなかったが、別の関連市場で実施されたカルテルに関してのリニエンシー申請が1 番目であった場合、別の関連市場での協力が考慮され、最初のカルテル事件に関しても量刑の軽減を受けることができる制度。

こういった芋づる式のやり方というのは、ＤＯＪとしてはごく一般にやっている方法でしょう。かつてのビタミン剤のカルテル事案や、さまざまな自動車部品のカルテル事案というのは、裏ではＤＯＪの芋づる式のやり方が有効に機能したケースではないかと推測しています。あくまでも私個人の勝手な推測ですが…。

山口　ＤＯＪのやっていることは、日本人が一般的にイメージする刑事捜査というよりは、司法取引にもっていくためのさまざまな戦術や一方的交渉といったイメージがかなり強いような気がしますが…。

龍　人によって印象はそれぞれでしょうが、私はそういう認識でほぼ間違っていないのではないかと思います。

もちろん、カルテルや米国の独禁法違反というのは許してはならない行為であることは事実です。しかし、それを取り締まるＤＯＪなりＤＯＪのやり方が、法の正義の番人だとか正義という名にふさわしい手法をとっているかというのは、まったく別の話と私は考えています。

ただ、こういった事象から私たち日本企業が学ぶべきことは、ＤＯＪのやり方が汚いか否かとか、好きとか嫌いとかいったいわば感情的なものでなく、米国等の世界に出てビジネスをやる以上、その行為に至る理由が何であれ、その国々や世界に認められるルールをあらかじめ十分に理解して遵守しなければ、とてつもなく痛い目にあうよ、好き嫌いは別としてそれが厳然たる事実だよ、ということではないかと思います。

そういう事実やルールをしっかりと頭に叩き込み、これまでと違った認識で世界に出てビジネスなり経営を行わないと、想像もしていなかった事案に巻き込まれたり、とんでもないしっぺ返しを食らうかもしれないということを、事前に理解して十分なリスクマネジメントをしておかなければならないということだと思います。

山口　舞台が違う以上、意識や組織、体制といったものも変えないといけないということですね。

◆刑事裁判手続き

山口　さて、司法取引が終わると、次はいよいよ刑事裁判という段階に入っていくということでしょうか？

龍　ええ、そのとおりです。ただその前に、事案によってはＤＯＪによるインタビュー[*12]があるかもしれません。

山口　インタビューと言いますと？

memo

＊12　一般的に司法取引と呼ばれる過程は、プロファー合意の締結とその後のプロファーセッションの２段階に区分できる。プロファーセッションにおいて行われるインタビューおよび情報提供がここでいうインタビューに該当する。いわゆる、連邦大陪審の捜査手続としてのインタビューとは手続的な意味合いが異なる。ここでのインタビューを利用して、検察官は、その者の刑事責任の程度、証拠価値、捜査協力の程度および証人適格等の見極めをする。

龍　案件の内容や時代によって違うかもしれないので私も正確にはわからないのですが、裁判に臨むにあたって、ＤＯＪみずからが直接インタビューを行って必要な確認を行うといった意味があるのではないかと想像します。確認のための最終捜査とでも言いましょうか…。

山口　それはどのように行われるのですか？

龍　これもケース・バイ・ケースかもしれないので、はっきりしたことはわかりません。ただ、インタビューが行われる場合の多くは、司法取引を行った会社の関係者が米国に呼ばれるというのが一般的ではないか、あるいは一般的ではなかったかと思います。

山口　米国に入国しても大丈夫なのですか？

龍　カーブ・アウトの対象となって会社とは別途に取り扱われる人は問題が生じますが、そうでない関係者は会社の司法取引によって身柄の安全を保障されているわけですから、入国しても大丈夫と判断できます。また、ＤＯＪが要請する以上、それは捜査協力義務の１つという位置づけになりますので、拒否すれば司法取引そのものが取り消されることにもなりかねません。

ただ、司法取引で保障され、また会社としての義務であるとはいえ、やはり被疑事案の関係者とされた人が国家権力を何ら問題なく行使できる米国に入るわけですから、突如ＤＯＪの気が変わって身柄拘束され、日本に戻って来られないということがないよう、事前により明確な保障手段をとっておくことが賢明と考えられます。

すなわち、弁護士がＤＯＪと交渉し、インタビュー対象と指定されて米国に入国する関係者が身柄拘束等をされることがないことや、インタビューが終了すれば何ら支障なく日本へ帰国できるといった内容の書面を、あらかじめＤＯＪから取り付けた上で入国するという方法です。

そんな書面がなくとも司法取引によって身柄の安全は保障されているといった意見があり得るかもしれませんが、私の知るかぎりでは、司法取引の事実や書面だけではインタビュー対象とされる特定の個人についての保障まで明確には記述されていませんので、ＤＯＪが指定してきた関係者については、その個人名まで特定して身柄の安全を確保する手段をとるということです。専門家である米国の弁護士なら当然そこまで考えて動いてくれると思いますが、もし万一そのような行為がみられない場合は、会社の国際法務担当者が弁護士に要請し、ＤＯＪと交渉を行ってそのような書面を出させるように動く必要があるでしょう。

国際法務担当者は国内法務担当者とは異なり、各国の弁護士とうまく協働してその弁護士に会社を守ってもらうだけでなく、弁護士の考えや行為が必ずしも十分でないと判断した時には、会社やその役職員を守るため、みずから弁護士に働きかけて必要と思われる活動をしてもらうよう指示する役割も負っているわけですから。

山口　経営者としては、会社の判断で自社の役職員にそういったリスクを負わせることまで理解しておく必要があるということですね。

また、会社やその役職員を守るためにも、おっしゃったような認識と行動力をもった国際法務担当者を普段からしっかり育成しておく必要があると言えますね。

事案によってはそういったインタビューも踏まえた上で、いよいよ刑事裁判に入るわけですか？

龍　はい、そうです。ただ、すでに司法取引に応じた上での刑事裁判ですから、何か例外的なことが起こらないかぎり、いくつかの留意点さえ気をつけておけば、特に難しいことはありません。弁護士とともに出廷して、事前にあると思われる弁護士からの簡単なアドバイス等に従って淡々と進めれば、通常は20分から30分程度で終了すると思います。*13

もちろん、その裁判によって会社の有罪が確定し、また罰金額等が最終決定されるわけですから、法的には大変重たい手続きではありますが…。

しかし、私の知るかぎり、ほぼ例外なく司法取引の内容通りに判決が下されるようですし、もし何かわからないことがあればすぐ横にいる弁護士に質問等をしても問題ないため、それほど心配する必要はないと思います。

memo

＊13　米国刑事手続上、有罪答弁は、有罪答弁をすれば済むものではない。裁判官は、被告人の有罪答弁を承認するに際して、当該答弁が内容を理解し、任意になされたものであるかどうか確認しなければならない。裁判官は、公開の法廷において、宣誓した被告人に対して直接質問する。質問内容は、被告人の任意性についての確認から有罪答弁の対象となる事実の事実的基礎などに及ぶ。

山口
米国特有の陪審裁判ではないのですか？

龍
私の知るかぎり、司法取引に応じてその内容通りの有罪や罰金等の判決を求めるごく通常の刑事裁判であれば、陪審裁判ではないと思います。陪審員が認定すべき事実というのは司法取引の内容ですでに確定しているのが通常でしょうから、論理的にも陪審裁判にはなり得ないのではと思います。

裁判官が入廷してきて若干のやり取りがあり、判決が出て終了です。

山口
その留意点や裁判官とのやり取りというのはどういうものですか？

龍
事案によってさまざまで、一概には言えないのではと思います。

ただ、おそらくどの裁判でもほぼ共通していると思われるのは、裁判官が被告人、つまり会社の代表者に対して氏名や役職、会社の代表者であること等を確認し、さらに司法取引を行うことに同意するか、その意味なり内容はわかっているかといったことを確認されるということでしょう。

裁判官の法律専門用語がわからない等があれば、すぐ横にいる弁護士に確認して回答すればよいでしょう。

ただ、できればその会社代表者は英語がある程度理解でき、また英語で話ができる人の方がよいと思います。

会社の代表者として出廷する人は必ずしも社長である必要はありませんが、通常は、やはり国際法務やコンプライアンス、あるいは海外ビジネスを担当する役員レベル以上の方が代表として出廷される場合がほとんどではないかと思います。そして世界に出てビジネスを行う会社であれば、今の時代、それらの方々はある程度英語ができることがもはや普通といってよいでしょうから、ここであえて留意点としてあげる必要はないのかもしれません。

しかし、もし英語がわからない役員レベルの方が代表として出廷するという場合は、必然的に日本語の通訳者が必要になります。そしてもし裁判所の通訳者の方に通訳してもらわなければならないとなると、若干の懸念が生じ得ると私は思います。

と言いますのも、一般的には裁判所の通訳者の通訳レベルは必ずしも高いものではなく、きわめて正確な通訳までは期待できないといった話を聞いたことがあります。

そうすると、すでに司法取引をしているので裁判官に対する回答は基本的にほとんどイエスだとしても、通訳者の通訳があまりうまくないため、こちらが日本語として正確に理解できなかったり、あるいはこちらの意図や趣旨が裁判官に正確に伝わらないといった事態が生じる可能性もゼロではないと推測します。

もしそのような事態になれば、すでに合意した司法取引そのものが覆るまではないとしても、通訳が原因で裁判官とのやり取りに無用な時間やちょっとした誤解が生じたり、横にいる弁護士とのやり取りにも影響が出ないとも限りません。事実上、司法取引の内容を裁判という場で確定させるだけといえども、やはり法的には大変重たい手続きですから、通訳を原因としたゴタゴタはできるだけ避けるのが妥当でしょう。

それゆえ、被告人である会社代表者の方は、ある程度英語ができる人の方がよいと私は考えています[*14]。

Column

国際捜査共助

2002年３月19日、ロサンゼルス連邦大陪審は、炭素繊維に関する価格協定の捜査過程において証拠隠滅（司法妨害）を行ったとの嫌疑で、東邦ナノテックス株式会社（現東邦レーヨン株式会社）、その米国子会社であるToho Carbon Fibers Inc.および東邦ナノテックスの役員１名を司法妨害罪で起訴した。起訴状によると、1999年１月28日、炭素繊維に関する価格協定を捜査中に連邦大陪審はSubpoena Duces Tecumを発令し、FBIがこれをToho Carbonに送達して、特定の文書を提出するよう命じたところ、被告人らは、当該不利益文書が連邦大陪審の手に渡るのを阻止するために、Toho Carbonのファイルから当該文書を取り除き、東邦ナノテックス社に送ったとされる。なお、当該文書は、2000年３月15日、司法省の要請に基づき、東京地方検察庁が、東邦ナノテックスを捜索した際に発見されている。この際、東邦ナノテックス以外にも炭素繊維メーカー２社が捜索を受けている。

memo

＊14　有罪答弁を選択した場合の連邦裁判所での手続は、日本の略式裁判とは異なり、裁判官とのやり取りも詳細にわたる。裁判所は、有罪答弁が内容を理解した上で、任意になされたものであることを確認しなければならない。そこで、裁判官は、被告人に宣誓させた上で、公開の法廷において複数の質問を通じて確認をするのである。また、連邦大陪審による起訴（indictment）を経て、陪審員による事実審理を受ける場合には、長時間の反対尋問に晒されることになる。事実審理での長時間の反対尋問を英語で受けた経験のある経営者はどれだけいるだろうか。米国でビジネスをするということは、こういった最悪の局面も乗り切る英語力と英語による理解力が求められることを理解しているだろうか。

2

ハイエナ訴訟

1 民事訴訟の概要

◆実務上の動き

山口

さて、次に民事訴訟についておうかがいしたいと思います。

米国の場合は行政罰であるEUと違って、刑事と民事の両方で責任追及がなされるわけですが、現実には、被害を受けたと主張する私人の損害賠償請求訴訟の対応が重要となってくるようですね。

龍

おっしゃるとおりです。米国の独禁法、特にカルテル違反というと、やたら刑事手続きばかりが詳細に語られる書物や論稿が多く、民事については、民事上の負担も大変であるとか、三倍賠償制度*15がどうこうといった、いわば表面的な部分や法律の説明をさらっと触れている場合が多いのではないかとの印象があります。

詳しい説明が書かれていても、やたら法律論にウェイトを置きがちで、「一般の経営層や実務担当者の方々にとって本当にどこまで有益なのだろう」というのが正直な感想です。

民事は確かにカネでカタをつける話で、役職員の禁固刑といった話とは関係ありません。しかし、弁護士費用を入れたトータルの金額や、すべての民事訴訟を終結させるまでの時間の長さや手間の大変さを考えると、刑事とは違った意味の対応や処理の苦労があると私は考えます。

山口　民事もなかなか厳しそうですね。では経営層や実務担当者が注意すべき点としてはどのようなものがあげられるのでしょう？

龍　そうですね。では最初に、多くの民事訴訟に共通し得るであろう、訴訟対応なり訴訟形態について触れたいと思います。

刑事訴訟で無罪を争うといった場合には、民事訴訟でも争う姿勢をとるのが一般的かもしれません。ただその場合も、有罪と認めない形で和解で終わらせることが多いかもしれませんが…。

しかしこれまで述べてきたとおり、米国の独禁法、とりわけカルテルという犯罪行為でＤＯＪから米国子会社にコンタクトがあり、それを踏み台にした親会社同士のカルテルが本命といったパターンを前提に考えると、他社のリニエンシー申請で提供された情報に基づくＤＯＪのさまざまなやり方で、最終的には司法取引に追い込まれることが大半というのが実状ではないかと推測します。

そうすると、米国の独禁法にフォーカスした書籍等でも、民事については、Pretrialのディスカバリー／ｅディスカバリーが大変な作業になるとか、敵地での陪審裁判となって敗訴すれば懲罰的な三倍賠償の可能性といった、一般的な民事訴訟の法的手続きの表面的説明で終わっている書籍等が少なくないと思うのですが、それらは実務上ほとんど役に立たないだろうと思うのです。

memo

＊15　反トラスト法違反によって、その事業または財産に損害を被った者が、実損害額の３倍の賠償額および弁護士費用を回復することができるとする制度。

山口　そうすると、民事の実務上、どのようなことを理解しておくべきなのでしょう？

龍　実務上、会社は司法取引をすでに行ったか、あるいは近いうちに行うことになり、有罪を認めるわけです。

とすれば、完全に言いがかり的な民事訴訟の場合は別として、民事訴訟で戦うとか、ディスカバリー／eディスカバリーを行う、あるいは敗訴して三倍賠償になることも覚悟して…などという話はおそらくはあまり現実的ではないでしょう。

そうすると実務上では、「いかに短期間で低額の和解に持ち込み、弁護士費用も少なくするか」しか事実上の選択肢はないのではないでしょうか。訴訟を提起されたのに何も対応しなければ、原告側の主張が一方的に認められるだけですから。

したがって、司法取引を行って有罪を認め、民事訴訟に対応しなければならない会社としては、まさにその和解への持ち込み方が一番重要になるのであって、語弊を恐れずにいえば、ディスカバリーがどうのとか三倍賠償がどうのといったことは、訴えられた会社としては実務上あまり関係ないという話になるかと思います。

もちろん、自社の米国弁護士への資料提供や言いがかり的民事訴訟への対応、社内外への説明等で、それら基本レベルの知識はもっておかないといけないのは事実ですが…。

山口
しかし、原告側の立証責任といったものがあるのではないのですか？その立証を突き崩すための基礎知識として有益とは言えないのですか？

龍
もちろん基本的な知識はもっておくべきです。また、民事訴訟を起こした原告にその立証責任があるのが基本です。

しかし、米国独禁法の一部であるクレイトン法[*16]の第5条では、独禁法違反を原因として国の刑事または民事訴訟で違反を認定された場合、その判決は私人が提起する民事訴訟で違反行為が行われたことのPrima Facie Evidence、つまり「一応の証拠」になると規定しています。

したがって、原告側は民事訴訟でその規定を利用すればよく、被告となる会社は違法行為を事実上推定されることになります。また実際に、司法取引で有罪を認めるわけですね。したがって、会社が違法行為を否定することはまず無理でしょう。

それゆえ、事実上、決着は最初からついているようなものでして、ディスカバリー／eディスカバリーがどうのとか、敗訴したら三倍賠償云々という話にはならず、実務上、いかに早くかつ安く和解するかに的が絞られるということになるでしょう[*17]。

山口
なるほど。刑事上の有罪認定がそのまま民事に影響するということですか。

memo

＊16　シャーマン法のみでは競争維持の目的を達成するには十分ではなく、シャーマン法違反となるような行為を未然に防止する必要があるとして1914 年に制定された法律。「違法な制限及び独占に関する現行法の補完等のための法律」が正式名称。

＊17　いかにして、motionを使いこなし、クラス、訴因、損害の範囲を削り落とし、低額の和解に持ち込むかがポイントになる。

龍

　連邦民事、すなわち連邦法としての独禁法違反に基づいて提起する民事訴訟では、捜査対象となった製品を購入した原告が刑事訴訟の判決を待たずに民事訴訟を提起する場合もあるかと思いますが、私人による民事訴訟全体でみれば、やはり刑事訴訟での有罪判決が明確になってから、クレイトン法第５条をうまく利用して一挙にあちこちで提訴されるパターンが多いかなと思います。

　ただ最近の傾向としては、刑事訴訟で有罪判決が出る前でも、私人が民事訴訟を起こす場合が増えているといった新聞記事を読んだ記憶があります。

　その理由はよくわからないのですが、裁判所による有罪判決まで待たなくとも、ＤＯＪに対してGuilty Plea、すなわち司法取引を行って有罪答弁をすればＤＯＪがプレスリリースをするため、事実上裁判で有罪になることは明らかと一般に認識され、成功報酬目当ての弁護士が競争してクラスアクションを起こしているということでしょうかね？

山口

　理由は私もよくわかりませんが、そういった背景も考えられるのかもしれませんね。

◆クラスアクションと訴訟の種類

山口

　ところで、今クラスアクションという話が出ましたが…。

龍

はい、それが次にお話ししようと思っていた点です。米国でのクラスアクション、集団訴訟というのは、すでに何年も前からさまざまなマスコミ等で取り上げられているため、今さら詳細な説明は不要かと思います。もっとも、法的に厳密に言えば、集団訴訟とクラスアクションは必ずしもイコールではない[*18]といった話を聞いたことがありますが、そのあたりの詳細な法律論はここでは捨象して、大雑把に言えば、同一の事案なり原因により、一定の共通条件が認められるほぼ同種の民事訴訟が行われ得る場合に、裁判所がクラスアクションと認定すれば、1つの訴訟で同種の原告がカバーされる形の訴訟ですね。このクラスアクションというのは、連邦民事であれ、州レベルの私人による民事訴訟であれ、共通して適用がある訴訟形態ですね。

山口

ということは、多くの場合、クラスアクションという形で行われる連邦民事訴訟と州での私人による民事訴訟があるという理解でよいのですか？

龍

いいえ、民事訴訟の種類というかあり方というのは、ただ2つに分けられるだけといった単純なものではありません。

山口

と言うと、どんな種類があるのですか？

memo

＊18　集団訴訟とは、同一の事件について利害関係を共通にする複数の人間が、同時に、原告側となって起こした民事訴訟の総称であり、他方、クラスアクションとは、集団訴訟のうち、ある商品の被害者など共通の法的利害関係を有する地位に属する者の一部が、クラスの他の構成員の事前の同意を得ることなく、そのクラス全体を代表して訴えを起こすことを許す訴訟形態である。

龍
正確には米国の弁護士にご確認いただく方がよいとは思いますが、米国独禁法に関する私人の民事訴訟について私が理解している範囲で述べれば、クラスアクションの形を含む連邦民事訴訟、同じくクラスアクションの形態での州民事訴訟、連邦・州それぞれのクラスアクション訴訟に加わらなかったオプト・アウト訴訟、州司法長官によるその州の代理訴訟、その他のカネ目当てや言いがかり的な民事訴訟といったところでしょうか。

山口
連邦訴訟は1つでしょうが、それ以外の民事訴訟が、米国中のあらゆる州で訴訟提起されるということですか？

龍
いや、後ほど述べるとおりいろんなパターンがありますし、また州によっては私人による訴訟を認めていない州もあるようですから、米国の全州で訴訟提起されるわけではないと思います。しかし、かなりの数の州で、次から次へと訴訟提起されるというイメージはありますね。

2 連邦民事訴訟とその和解交渉

◆連邦民事訴訟の概要

山口　さまざまなパターンがあって大変そうですが、順にお話をおうかがいできますでしょうか？

龍　そうですね。あくまで私の理解する範囲ですが…。

まず、連邦民事ですが、これもいろいろなパターンがあるかと思いますが、私が聞いた事案の中では、刑事訴訟の判決を待つことなく提起されたものがありました。もちろん、クラスアクションという形でした。

先ほど申し上げたとおり、リニエンシー制度によってＤＯＪにすでに情報提供がなされており、司法取引を行うというケースでは、どんな民事訴訟であれ、できるだけ低額でかつより早く和解を行うのが前提となります。しかし、刑事訴訟と並行して民事訴訟が起こされる場合は、よりいっそう、早く和解で片づけてしまうという要請が働きます。と言うのも、かなり神経を尖らせ、刑事でＤＯＪとさまざまな交渉を行う状態で、連邦民事についてあれこれ時間をとられ、神経を使うことを会社も弁護士も極力避けたいからです。

最終的には和解でけりをつけざるを得ないのであれば、できるだけ早く和解して訴訟を終了させ、より重要な刑事手続きに時間も神経も集中させたいというのがホンネです。
そのためもあって、被告側、すなわち会社側も、その手法をよしとしない会社を除き、被告団を結成して交渉にあたるという方法をとることもあります。

山口　カルテルをやった会社同士が協力して連邦民事の交渉にあたるということですか？

龍　はい、そうです。もっとも、会社同士が顔をあわせてということではありません。クライアントである会社の了承のもと、各社の弁護士同士が被告団を結成して交渉にあたるという一種の協定を結び、そこで協議しながら原告側と交渉するという形です。原告側との交渉において、各社がカルテルを疑われるような行為をするわけではないので、その点はご心配なく。

山口　しかしそうなると、和解額の決定や、その交渉成立後の和解額の各社の負担等はどうなるのですか？

龍　原告側との交渉状況に応じて弁護士同士が相談し、この金額でどうかと各社の弁護士がそのクライアント、すなわち各社に対して連絡を行い、各社がその金額に同意したら原告側にその和解額でぶつけるなり和解交渉をまとめるなりするわけです。
各社の負担割合については、事案によって異なるかもしれませんが、ある事案では、各社がそれぞれ自社のカルテル対象期間の売り上げを自社の弁護士に教え、その情報は弁護士同士では共有して各々の負担割合の基礎とするものの、どの弁護士も自分のクライアントにはその情報を教えてはならず、自社の負担割合だけを教えるという協定に基づいて具体的な負担額のみをクライアントである会社に告げるという方式だったようです。各社が他社の売り上げ情報まで知ることになったら、またそこでカルテルの問題になりますからね。

山口　被告団に加わらなかった会社はどうなるのですか?

龍　被告団に加わらなかった会社は、自社の弁護士が単独でクラスアクションの原告側弁護士と和解交渉を行うことになるでしょう。

最終的にどちらが得かははっきりとはわかりませんが、1社単独で交渉に臨むとなると、どうしても和解金額が高くなりがちというデメリットがあるのではないかと想像します。

と言いますのも、なぜ被告団を構成するかと言えば、数社がまとまった金額を出して交渉すればそれだけ見た目が大きな金額になり、交渉が早期に合意に至る確率があがるというのが大きな理由です。1社で交渉して、1億ドル、1億2000万ドル、…、とやるより、数社が集まって最初から5億6000万ドルでどうかとやった方が、やはり迫力があるでしょう。

純粋に金銭的な意味では変わらないかもしれませんが、交渉というのは一種の心理戦であることも間違いないですから、最初から見た目が大きい金額で交渉することのメリットは、やはり完全には否定できないのではないかと思います。

山口　なるほど。各社の弁護士だけが売り上げ情報を共有するといった協定を結び、和解金額の数字を大きくして原告側と交渉するという方法ですね。

このやり方は、連邦民事だけでなく他のあらゆる民事訴訟の交渉にも使えますね。

龍　そのとおりです。一度そういった形で被告団を結成すると、共同被告とされた他の民事訴訟でもほぼそのまま維持するといった傾向があるように思います。被告側に一応有利に働き得ると推測できます。

もっとも、本当にそう言い切れるかどうかは保証の限りではありませんが…。

◆オプト・アウト訴訟

山口　原告側のうち、クラスアクションに参加しない原告はどうなるのでしょう?

龍　それが先ほど申し上げたオプト・アウト訴訟という訴訟です。そのクラスに入って分け前をもらうよりも、単独で訴訟提起して交渉した方が得だと考える原告ですね。しかもこれは、連邦民事だけでなく、州民事訴訟でもまったく同じことがあてはまります。

このオプト・アウトの数が多ければ多いほど、訴訟の数としては増えるわけですから、それだけ手間や時間がかかり、弁護士費用もかかってくるということになります。しかし、民事訴訟を起こす側は、いつどういう形で訴訟提起するかは自由なわけですから、会社としては対応せざるを得ません。

もっとも、オプト・アウトと言っても、共同被告とされた会社が部分的にでも同じであれば、やはり被告団という形で訴訟対応することが可能ですから、その点ではクラスアクション時の対応と何ら変わりありません。

ただ、あえてオプト・アウトするほどの原告ですから、最終的に和解するとしても、クラスアクションの1人ないし1社当たりの金額よりは高い和解金になるかもしれませんが。しかし、そのクラスアクションの1人ないし1社当たりの金額がいくらになるかまではおそらく把握困難と思いますので、私個人の推測の域を出ない話かもしれません。

山口

連邦民事のお話ひとつをとっても、クラスアクションだの被告団の結成だの、あるいはオプト・アウト訴訟だのといろいろややこしい話になるわけですね。

龍

まったくそのとおりです。ただ、それがまさに実務対応ということです。

また、ここまではまだ原則として連邦民事の話しかしていませんので、これが州民事訴訟やその他の民事訴訟の話になってくると、もっと話がややこしくなってきます。

3 州民事訴訟

◆州民事訴訟の概要

山口　では、その州の民事訴訟の話に移っていただいてよいでしょうか？

龍　わかりました。

あくまで私の理解している範囲ですが、州の民事訴訟について最も基本的な話をしますと、連邦法である米国の独禁法とほぼ同様の州法である州独禁法、あるいはそれと同じような役割を果たす消費者保護法等の名前がついた州法がある州であって、私人による訴訟提起を認めている州では、被告団を構成している会社を直接訴えて損害賠償を請求してきます。これが一番基本的な、州民事と呼んでいるものです。

そしてこの州民事についても、クラスアクションの形をとる場合がほとんどではないかと思います。もちろん、クラスアクションという訴訟形態を認めるとの裁判所の判断があるのが前提ですが。

そしてこの場合も、各社は被告団を結成してクラスアクションの代理を務める原告団の弁護士と交渉を行い、少しでも低額で、かつできるだけ早く和解交渉をまとめるといった対応をとることになります。

また、州の民事の場合、ある1つの州が単独でクラスアクションを起こしてというのが基本と私は理解していますが、それ以外にも、複数の州が集まって1つのクラスとなり、訴訟が継続されるといった場合もあります。

山口

それは例えば、隣り合った州が同種の民事訴訟を起こしたとして、それらが1つになって訴訟を行うということですか？

龍

その理解でよいと思います。州レベルの話になると、私も細かいところまではわからないのが正直なところですが、その州法なり州裁判所なりが複数の州をまたいでクラスアクションを認める場合、複数の州が集まったクラスアクションといった形になるのだと思います。

ただ、そのような形のクラスアクションは、被告側である会社にとってもメリットはあると私は考えています。

と言うのも、金額的には大きくなるかもしれませんが、和解でけりをつけるという選択肢しか現実的にはない中で、こちらも被告団を結成して金額を大きくみせ、早めに和解に持ち込もうとするわけですから、ある意味ではお互いにメリットがあるという見方もできるかもしれないと考えています。

山口
まとめて一括処理できるということですね。
上場会社の場合は情報開示の点で注意が必要になるかもしれませんが、いずれにせよ和解で解決する選択肢しかないのであれば、確かにメリットになり得るという考え方もできるかもしれません。

◆州ごとの弁護士の選定

山口
その他に、州民事訴訟で注意すべき点等はありますか？

龍
州民事特有という意味では、弁護士の問題にどうしても触れないわけにはいかないと思いますね。

山口
弁護士は最初の社内調査の段階ですでに選定しているのではないのですか？

龍
いや、もちろんそのとおりです。
確かに最初に弁護士を選定する段階に戻ってしまうような話ですが、最初の時点では、連邦法としての独禁法（訴訟）を専門とする弁護士事務所といった話のみをしていたと思います。

しかし、ここまで話を進めてきてご理解いただいているとおり、米国の独禁法、とりわけカルテルといった話になると、後日あちこちの州でボコボコと民事訴訟が発生するのが通例と言えるでしょう。そうすると、最初に米国の弁護士事務所を選ぶ際に、できればそういった点まで考慮するのがベターということになります。

すなわち、始めの方で「できるだけ規模の大きな」と申し上げたとおり、いくら米国の独禁法（訴訟）を専門としているとはいえ、規模の小さな事務所は、必ずしもお勧めしないということです。逆に言えば、米国の独禁法（訴訟）に強い弁護士がいる比較的大きな弁護士事務所で、米国内のいくつかの州に支店とも言える事務所や提携先事務所をできるだけ多めにもっている弁護士事務所が望ましいということです。費用の問題はあるかもしれませんが…。

もちろん、全米のすべての州に事務所をもっている弁護士事務所などまずないでしょう。しかし、できるだけ多くの州に自分たちの事務所をもっているほど、あるいは過去の業務経験により比較的容易にその州の優秀な弁護士事務所（ローカル事務所）と提携できるほど、ベターと言えると考えます。

各州での訴訟というのは、やはりその州の州法や訴訟のあり方、規則等の理解、あるいはその州の州裁判官とのつながりの深さ等の点で、強いと一般に言われるローカル事務所を選択できるか否かが重要なポイントになります。

したがって、最初に選定した大規模弁護士事務所が、比較的多くの州にも弁護士事務所を置いているとか、置いていないとしてもローカル事務所と過去に一緒に仕事をしたことがあって提携や仕事上の協力をスムーズに行えるといった大規模弁護士事務所の方が好ましいと思います。言うは易く行うは難しかもしれませんが…。

州の民事訴訟については、そういったローカル事務所の問題、そしてそのローカル事務所との連携をうまく行える大規模弁護士事務所の選定といったことが、留意点としてあげられると思います。

ただ、最後に少しだけ付加しておきますと、2005年にClass Action Fairness Act[*19]というのができ、州法のクラスアクションと連邦でのクラスアクションが一本化され、連邦裁判所の同じ判事のもとで審理されることが増えてきているとの論稿を読んだことがあります。実務の詳細まではわかりませんが、今後そのような訴訟形態が増えていくとすれば、州ごとの弁護士の選択、訴訟費用、和解費用や交渉等のさまざまな負担が軽減される方向に動いていくのかもしれません。

◆訴訟費用とコンプライアンス教育

山口

仮に軽減の方向にあるとしても、やはり訴訟大国でいったん訴訟に巻き込まれると、その対応費用は相当なものになることを覚悟する必要がありますね。

龍

そのとおりです。民事訴訟はいつどのような形態で起こそうと、起こす側のまったく

memo

＊19　クラスアクションの濫用に対処するため、①州裁判所の管轄にあったクラスアクションの大半を連邦裁判所の管轄へ移行し、②いわゆるクーポン和解（原告である個々の消費者等には当該企業の製品やサービスを利用する際に使用できるわずか数ドルのクーポン券を交付し、原告代理人が巨額の弁護士費用を取得する形態の和解に対する呼称）において原告弁護士が過大な報酬を得ることを阻止する規則等を導入することを主たる内容とする制度。

自由ですので、それを止めるのは不可能と言えるでしょう。

そしていったん起こされてしまえば、必要に応じた対応を行わないかぎり、一方的にこちらの敗訴となってしまいます。しかもそれらの検討やアクションは、若干の延長が認められるとしても、一定の時間内に処理しなければなりません。そうすると、一方的に敗訴となって莫大な金額、あるいは懲罰的な三倍賠償額をとられるよりも、自社の弁護士と相談し、限られた時間や条件の中でできるだけベストな選択を行い、対社内外に会社として説明と納得をしてもらえる和解に持ち込むしかないでしょう。そのために必要な費用なら、それは経営者が必要経費として腹をくくらないとしょうがないと思います。

事案の経緯等を知らない経営層で、詳細をよく理解しないまま、後になって弁護士費用や和解金額の数字だけをみて『とんでもない多額の費用を使いやがって！』といった批判をする人もいるかもしれません。

しかしそういう人は、米国での訴訟なりビジネスの裏面をまったくわかっておらず、このグローバルなビジネス社会では、ただちに経営層から除外されるべき人間と言ってもいいでしょう。もし訴訟が起こされる事態になってからあれこれ批判をするのなら、会社経営層の1人として、米国の独禁法違反やそれに対応しなければならない諸費用を出さなくてよいような、役職員等への社内コンプライアンス教育、海外コンプライアンス研修等にもっと熱心に取り組んでいればよかったわけですから。

山口
事案の経緯や詳細を理解しないまま、訴訟費用の数字だけをみてその対応や対応部門等を批判するというのは、確かに経営層の人間として無責任で不適切と評価されてもやむを得ないでしょうね。

◆言いがかり的民事訴訟とその対応

山口
民事訴訟に関して、まだ他に何かあるでしょうか？

龍
そうですね。これは連邦民事の繰り返しになるので詳細は省きますが、州民事でもクラスアクションという形をとるわけですから、それに同調することをよしとしない原告、すなわちオプト・アウトが出てくれば、やはり連邦の場合と同様に別途対応しなければならないということはあります。
それ以外としては、例えば、カネ目当てで執拗に訴訟を維持するという場合もありますね。

山口
それはどういう訴訟ですか？

龍
ＤＯＪと司法取引を行う際、あらゆる捜査協力を行う義務が課される話をしたかと思いますが、その義務は取引書面の中にも記載されます。

つまり、Aという製品について司法取引を行い、裁判で有罪答弁を行うといったことが書かれる以外に、DOJがBという製品についてカルテルの捜査を行っており、自社もその製品を製造していたとすれば、Bについてカルテルを行っていなかったとしても、そのBの捜査に協力するといった文言が書かれる場合があります。

すると、Bについては有罪を認めたわけではなく、その旨の記載もないにもかかわらず、そのBについてもカルテルをやっていたと提訴する原告もいます。ただ、有罪を認めてはいませんから、当然会社としては簡単に和解に応じるわけにはいきません。

しかし同時に、その考えを貫こうとするとディスカバリー等の莫大な時間や費用がかかり、弁護士費用も交渉が長引けば長引くほどとてつもない金額に膨れ上がっていきます。しかも裁判は敵地での陪審裁判となり、少なくともAについては司法取引を行って有罪を認めているため、大変悪い印象を最初から裁判官にも陪審員にも与えてしまうのは事実です。そして、実はそれこそが提訴した原告やその弁護士の当初からの狙いなのです。

つまり、弱みをもった敵地での裁判ゆえ、最後まで訴訟に応じることはないと原告側ははじめから計算しており、脅しをかけ続けてある程度しつこく粘れば、日本企業ゆえどこかで和解に応じてある程度の和解金をとれるというのが最初からの戦略です。まさに、弱みに付け込んだカネ目当ての民事訴訟と言ってよいでしょう。日本企業を狙った、米国の悪しき司法制度を利用した民事訴訟の典型例ではないかと思います。

その他にも、自分が所在している州では提訴できる適切な州法が存在しないため、何らかの理由をつけ、提訴ができそうな州からダメもとで損害賠償請求訴訟を起こすといった原告もいるようです。

もちろんそのような場合は、原告適格を欠く等で提訴そのものが不当として終わらせる手続きをとりますが、その手続きをすること自体にもやはり弁護士費用がかかります。そして場合によっては、そういった費用がかかるのを避けるために和解すると考えているのか、訴訟が却下されても主張内容を少しずつ変えて何度も提訴するといったこともあるようです。

繰り返しになりますが、いくら不当な提訴であれ、提訴自体は原告が自由に行えるのが基本です。たとえ弁護士費用がかかろうとも、提訴された以上その州の訴訟規則に則って何らかの対応をしないと会社が一方的な敗訴になってしまいますから、やはり米国の弁護士に適切な対応をしてもらわざるを得ないことになります。そういった民事訴訟もあり得ます。

◆訴訟に対するコンプライアンス体制と発想の転換

山口

もうここまで来ると、日本人の常識では考えられないような状況ですね。

でも、それがやはり訴訟大国といわれる米国の実態だと理解し、対応を考えなければ仕方がないということでしょうね。

龍　そういうことです。私などはハイエナ訴訟大国と思っていますが…。日本企業では、未だにロースクールへ留学してNY州等の弁護士資格をとることだけで、「すごい。あの人は専門家だ」などと愚かな発想をしている企業が少なくないと思います。

しかし、いくら資格をもっていても、先に述べたような日本の常識をはるかに超えた米国での訴訟実務を理解し、米国の弁護士と協働しながら日本の経営層に説明し理解させる経験と実力がなければ、真の国際法務担当とは呼べないことを、会社もその本人もともに認識すべき時代はとっくにきています。

刑事であれ民事であれ、自分で米国の訴訟そのものを米国の弁護士と同レベルでハンドルできるなら話は別ですが、そうでなければ資格をとった、とらないなどというのは昔から変わらない日本の肩書主義の単なる悪習です。

本当に問われるべきは、こういった訴訟の現実についてその国の弁護士や専門家と協働し、いかに会社にとってベターな解決ができるかという実務能力です。

会社の経営層も、その実状をよく理解し、シャーマン法やクレイトン法がどうこうといった、最低レベルの基礎知識だけを一方的にしゃべらせて、「米国独禁法の社内研修を行った」などというお粗末な発想から早く抜け出すべきでしょう。

訴訟実務の経験者をいかに今後の会社のために活かすか、あるいはそれらの現実や実務をいかに受講者の脳裏に叩き込むかといった研修に変えなければいけない時代が、もはやすでにきてしまっていると理解すべきです。

特に、世界で戦わねばならず、勝ち残っていかなければならない会社やその経営者は、これまで述べたような訴訟費用は生き残るために必要な費用と割り切り、海外コンプライアンス研修もたとえ費用がかかっても将来のためにしっかり実施すべきなのでしょう。[*20]

◆父権訴訟（Parens Patriae）[*21]

山口　これで一応、刑事訴訟、民事訴訟とも大きなところは触れていただいたということでよいのでしょうか？

龍　いや、実はもう1つあります。これは私自身が勉強し、あるいは米国の弁護士に聞いても、未だにその訴訟の詳細を正確に理解しているかやや不安ですので、ぜひ自社の米国弁護士等にご確認いただければと思います。

ただ、私が理解している範囲で述べますと、州のAttorney General、すなわち司法長官が、その州の自然人である州民に経

memo

＊20　反トラスト法の実務対応を成功させる上で、肩書きや学歴はあまり関係がない。最も重要なのは、実務能力があることと、案件対応に成功した経験があること、端的に言うと、「どれだけ現場を踏んでいるか」である。その意味でも、法務部門としては、普段から、実務能力のある法務部員を確保し、育成に十分な投資をする必要があるのである。反トラスト法のクラスアクションは日本の民事訴訟とはまったく異なるのであり、事務作業量・関係者の調整に伴う作業量も膨大であり、これらの作業を効率的に、かつ、正確に処理するためにはどうしたらよいのか、そのために、一体どのような投資をして人材育成をすればよいのか、十分検討する必要があろう。そもそも、本書の読者の事業会社では、こういった検討を計画的に進めているだろうか。その計画および投資は見直す必要はないだろうか。日本での訴訟対応の感覚で漫然と日々が過ぎ去っているようなことはないだろうか。

＊21　父権訴訟とは州の司法長官が父権者として州に居住する自然人に代わって提起する民事訴訟を指す。その提起は、州に居住する自然人が、シャーマン法違反によってその財産に損害を被った場合に限られる。請求は、規定上は三倍額損害賠償と明示されているが、差止めも認められる。

済的損失が生じた場合、その回復に向けて州民を代理して訴訟を提起できる制度があります。日本で父権訴訟と訳されているのではと思うのですが、その州司法長官が提訴する民事訴訟です。

この訴訟は、州民事訴訟が一段落した後に提訴される場合が多いのではないかと推測しますが、実際のところはよくわかりません。ただ、提訴された以上は対応しなければなりませんから、司法取引を行って有罪答弁をしている会社であれば、やはりこれまでと同様、いかに低額の和解金で早期に解決してしまうかということになります。

山口　しかし、州民事訴訟が起こされ、しかもそれがクラスアクションの形をとり、和解金を支払って解決しているのですから、州司法長官が州民を代表して提訴というのは、いわば二重取りになるのではないですか?

龍　まさにそこが私自身クリアーでないところなのです。

私が見聞した範囲では、クラスアクションといっても、自然人である個々の州民がきわめて少額の損害賠償金を巡って訴訟提起なり訴訟参加することは現実にはほとんどなく、原告は会社等の法人がほとんどであるため、州司法長官による提訴というものがあるといった説明がありました。

しかし、現実には、クラスアクションに参加できるのは法人だけと決まっているわけではないのではと推測しますし、また父権訴訟は自然人の州民を代理してという定義であれば、私が米国弁護士から聞いた「州の各種施設の代わりに原告になる」との説明は私には理解困難です。したがって、実務上は二重取りになる可能性があるのではないかとの懸念を今ももっています。

なお、間接購入者、すなわち州民事訴訟の原告は回復対象に含まれないといった記述もみたことがあります。これが正しければ、州民事訴訟で損害を回復したものは州司法長官の提訴による回復対象に含まれませんので、理論的にも実務的にも矛盾はないと考えられます。しかし、間接購入者が含まれないというのが正しいかどうか、私は確認できていません。

また、州司法長官による民事について、州のクラスアクションの原告、すなわち被害者が重なっており、その点が論点になっていると明確に書かれた弁護士の論稿も読んだことがあります。したがって、実務上の対応は必要なのですが、その法的詳細については私も正確には理解していません。

ただ、1つだけクリアーに理解できると考えるのは、州法が私人による損害賠償請求訴訟をまったく認めていない州で、州司法長官が代理で損害回復の訴訟を提起するといった場合です。これは確かに二重取りにはならないのではないかと思います。

山口

同じ州司法長官の代理訴訟といっても、州によってそれぞれ制度内容が異なる可能性も考えられるでしょうし、実務上、そのような制度に慣れていないわれわれ日本人には、理解が容易ではないかもしれませんね。

龍

私もそう思います。

ただ、その法的詳細がどうであれ、実務上、州司法長官による代理訴訟というものにも対応が必要となり得るということは、あらかじめご理解しておいていただければと思います。

◆直接購入者と間接購入者

山口

先ほど、「州民事訴訟の原告」とか「間接購入者」という言葉が出てきました。

実は、訴訟の形態がどのようなものであれ、連邦民事と州民事それぞれで和解金を支払うと二重取りではないかという疑問を、先ほどからお聞きしようとしていたところです。

この「間接購入者」というのはどういう意味でしょう？

また、連邦民事と州民事の和解金の関係はどうなっているのでしょう？

龍

するどいご質問ですね。

実はその点こそ、民事訴訟を巡って日本人が最初に戸惑うところかと思います。私自身も、本当に正確に理解しているかなと今でも少し疑問に思っている部分です。

ただ、米国の弁護士等から聞いたり、いくつかの書物を読んだりした私の理解はこういうことです。つまり、連邦民事というのは国家間取引、州際取引を扱う連邦法たる独禁法に基づく民事訴訟ですので、そこでの原告というのは、カルテルを行っていたとされる被告たる外国の会社等から、直接に購入していた会社になります。これがいわゆる直接購入者、あるいは第一次購入者と呼ばれるものです。

したがってそこでの和解金というのは、直接購入者が、被告らのカルテルのせいで高値で買わされた分の損害賠償請求で、その損害等を補填する意味合いのお金ということになります。

しかし、カルテルの対象製品が、直接購入者の製造する製品の一部になっているような場合、その損害はいくらかでも直接購入者が製造した製品の購入者に移転していることになります。

そして、この直接購入者の製品の購入者が、被告らからみて間接購入者、あるいは第二次購入者と呼ばれるものになります。

この間接購入者の売主は、あくまでも直接購入者であって、被告たる外国の会社等ではありません。しかし、たとえわずかであったとしても、被告らの行為が原因で損害を被っているのも事実でしょう。

それゆえ、州法で認められた州においては、その間接購入者が被告たる外国の会社等に直接損害賠償請求訴訟の提起を行うわけです。これが先ほどから出てきている州民事訴訟と呼ばれるものです。

そこでの和解金は、間接購入者が被った損害等を補填し、訴訟を終了させるという意味合いのお金になります。したがって、連邦民事訴訟と州民事訴訟の両方で和解金を支払っても、その和解金は二重払いではないとされているようです。

山口
なるほど。外国の売主、その製品の直接の購入者、その直接購入者が製造した製品の購入者（間接購入者）、という順で製品が流れ、損害も移っていくということですね。

龍
そういうことです。

ただ、法理論的にはそのような説明で決して二重払いではないと言われるのですが、実務上、100％本当にそう言い切れるのだろうかというのが私の疑問です。

つまり、直接購入者は人為的に高い値段で買わされて損害を被ったとしても、その製品を組み込んだみずからの製品を間接購入者に販売することで、損害の全部なり何割かは回収されているのではないかと思うのです。

すなわち、販売する時点では、自分たちの利益分を上乗せして販売するわけですから、みずからの損害は完全に移転しているか、あるいは多少でも薄まっているのではないかということです。

しかも、自動車部品のような場合ならまだ少しはわかりやすいかもしれませんが、例えばビタミン剤のような場合、間接購入者が購入した製品にそのビタミン剤の含有量が1～5％含有されているとすれば、その間接購入者の実際の最終的損害額というのはどうやって計算すればよいのでしょうか？

そのように考えていくと、法理論上はともかく、実務的には、損害賠償において二重払いはないと本当に言い切れるのか、直接購入者・間接購入者といったきわめて単純な区分によってそれが証明されたことになるのか、率直に言って私は疑問を感じています。

なお、これはカナダの話であくまで参考までですが、2013年10月31日にカナダ最高裁判所は、カルテル対象製品の間接購入者による損害賠償請求訴訟で、その請求権を認める決定をしたとの記事がありました。カナダでは、間接購入者の損害賠償請求権が認められるかについてこれまで統一した判断がなかったようです。

そして、請求権を認めるべきとした理由の1つは、間接購入者にもカルテルによる損害が転嫁されている可能性があるということがあげられているようです（ただし、間接購入者に損害が転嫁されてないと立証すれば、被告は損害賠償責任を争うことができるとも述べています）。

これを先述のお話にあてはめて考えれば、やはりカルテルによる損害の移転について、どれだけの移転があったとするのかは必ずしも明確になっているわけではないということではないかと推察します。しかし、損害賠償請求権を認めるとの最高裁決定があった以上、カナダでは今後間接購入者による民事訴訟（州民事）の提起が増え、それに対応しなければならない可能性があるかもしれません。

◆なかりせば価格―和解のための手段―

山口

法的により細かく考えれば考えるほど、疑問が生じてくるのかもしれませんね。

しかし現実としては、何らかの基準で割り切って和解という形で訴訟を終了させざるを得ないということでしょうか。

龍　私自身はそう思っています。間接購入者による購入の1つひとつについて、「本来自分が払う値段はこの値段だったのに、実際これだけの支払いをしたから損害額はいくら」といった調査をし、損害賠償額のトータルを出すことなど、およそ非現実的でしょう。間接購入者の「本来支払う値段」がわからない上に、通常はその購入者数は莫大になるでしょうから。

もっと言えば、そもそも直接購入者の損害額という一番基本の部分から、その額が本当に正しいかどうか証明などできないのではないかと私は思っています。

山口　と言いますと？

龍　事案によって違いがあるかもしれませんので、これはすべての損害賠償額算定にあてはまるかどうかはわかりません。

しかし、損害額というのが、直接購入者が実際に支払った価格と、カルテル行為がなかったらこのぐらいであったはずの価格（「なかりせば価格」としましょう）の差であるとすれば、その「なかりせば価格」をどうやって厳密かつ正確に算定できるのでしょう。

直接購入者が実際に支払った価格は簡単に出ます。実際に支払ったわけですから、カルテルがあったとされる期間が5年であろうと10年であろうと、その支払額を証明する書類やデータさえあれば確定できます。しかし、「なかりせば価格」というのは、いわばカルテルのないまったくの自由競争であった場合の市況や、より詳細には各社ごとのその時その時の販売価格と言えるでしょう。

しかし、その時代時代の景気動向や原油価格の影響、原材料の需給動向、代替品の出現、ある1社のプラント事故や製造量の増産、新規参入、まったくの自由競争なら行われていたかもしれないある1社の低価格戦略と他社のその価格への追随等々、製品によってその自由競争販売価格に影響を及ぼし得る原因や状況はさまざまです。しかも、カルテルがあったとされる期間が長くなればなるほど、その影響度を測ることは一般に困難と言っていいでしょう。そのような状況で、100%正確な「なかりせば価格」を算出するというのは、おそらくは神のみぞ知る世界ではないでしょうか。

とすれば、「なかりせば価格」が真に明確にならない以上、直接購入者の厳密な損害額というのも確定できるはずはなく、何らかの基準と方法を用いてこの額だと割り切ってしまうしか方法がないのではと考えています。

そしてこの考えが正しいと仮定すれば、その後の間接購入者の損害額というのも何らかの影響が出てくるはずで、これも100%正確な金額など出るはずはないのではと考えます。

いわば、何とか和解金を算出して訴訟を終了させるため、さまざまな基準や方法を持ち出して計算し、人為的な数字を損害額とみなして和解するというのが、損害賠償実務なり和解金の性質の実態と言えるのではないかと思います。

山口　その基準や方法というのは、誰がどういう形で提供するのでしょう?

龍　これも事案によってさまざまで、一概にこういう方法という言い方はできないかもしれません。ただ、ある事案では、米国の弁護士事務所があるエコノミストを選任し、そのエコノミストが有しているさまざまな経済指標等で「なかりせば価格」を計算して、それをもとに損害額を出したという手法をとっていました。もちろん、そのエコノミストがいかなる経済指標やどんな手法で計算しているかは、そのエコノミストのいわば企業秘密に該当しますので、通常は詳しいところまではわからないのではないかと思いますが…。

ただ、原告であれ被告たる会社であれ、とにかく何らかの基準をもって合理的とみなされる「なかりせば価格」が必要で、それに基づいて損害額を算出しないかぎり対外的に説明できる和解金額は出てこないわけですから、自社を代理してくれている米国の弁護士が選任したエコノミストの数字を信頼し、それをもとに交渉で決まった和解金額で和解して訴訟を終了させるしかないということかと思います。

山口　「なかりせば価格」の正当性は、本当はわからないと?

龍　はい。もちろん被告としては、カルテルの対象とされた製品に関するさまざまな情報をエコノミストに提供し、最大限の協力をします。その提供された情報に、エコノミスト自身が有するさまざまな指標なり情報が加味され、「なかりせば価格」が決定されます。

しかし、そのエコノミストとの信頼関係がうまく構築できていたとしても、当然ながらその「なかりせば価格」が本当に正しい数値かどうかなど誰にもわかりません。仮に過去にさかのぼっても、カルテル行為がなかった時のその時その時の価格というのは実在しなかったのですから、数値の正当性の証明など不可能でしょう。

しかし同時に、その数値が正しくないという証明も、よほど何か不合理なことでもないかぎり、被告たる会社は証明できないでしょう。つまり、誰もその数値の絶対的正しさを証明できない、神のみぞ知る金額こそが、まさに「なかりせば価格」と私は解釈しています。

しかしだからと言って、仮に「なかりせば価格」を被告たる会社がみずから算出するといったところで、そのための経済指標や諸情報、手法等を持ち合わせていることはまずないのが通常でしょう。しかも、そんな和解金額の算定の仕方は、原告側との交渉に悪影響を及ぼすのは火をみるより明らかです。実際にも、そのような手間も費用もかけていられないでしょうし、自社の代理人である米国の弁護士を納得させることすら難しいでしょう。

したがって、弁護士が選任するエコノミストがベストを尽くして出した数字を、正しい数字と割り切って和解手続きに入るしかないと思います。そしてこのことは、連邦民事の和解であれ州民事の和解であれ、使用する指標や基準等は違うとしても、和解金額を算出するという意味では基本的に同じと言えます。

山口　ちなみに、そのようなエコノミスト費用も当然訴訟費用として弁護士費用とは別にかかってくるわけですよね？

龍　原告側弁護士と被告側弁護士があらかじめ合意したエコノミストを用意して費用を折半にするのか、あるいはそれぞれがそれぞれのエコノミストを用意してその結果をもとに交渉をするのか、細かいところまではわかりませんが、いずれにせよ、弁護士費用とは別途に訴訟費用として必要になるのは間違いありません。

山口　最初におっしゃっていたとおり、民事案件トータルの時間の長さや費用、あるいは訴訟形態の複雑さ等々を考えれば、刑事裁判とはまったく違った意味で民事裁判の方がはるかに大変という面があるということがよくわかりました。

どうもありがとうございます。

3

カーブ・アウトの取り扱い

◆出頭？　引きこもり？

山口　さて、先ほどカーブ・アウトのお話、すなわち上級管理職やカルテル行為に重い責任をもつ役職員等が会社とは分離され、起訴されて刑事裁判になるというお話が出ました。

今度は、会社のお話から離れて、これらカーブ・アウトされた方々のお話をお聞かせいただけますか？

龍　はい。まず制度上では、ＤＯＪにカーブ・アウト対象者を特定して開示すべき義務はありません。

しかし、先ほども少し申し上げましたが、最近は、交渉過程等でカーブ・アウト対象者を特定し、会社自身がカーブ・アウトされた個人に司法取引を行って有罪答弁に応じるよう説得することが、会社が司法取引を行う条件とされているといったレベルまでエスカレートしているようです。

また、現在の代表取締役を取り上げ、「オタクの代表取締役に召喚状を出すことを考えているが、それは困るのでは？」といった話を持ち出し、司法取引に応じさせて有罪答弁と罰金額に同意させたという事案も聞いたことがあります。そうなるともはや、真の意味で会社とは別途とは言い難いと思います。

カーブ・アウトされた個人からみれば、会社と切り離されたといって間違いではないでしょうが、会社の立場からは、司法取引に入るためにそれらの役職員をみずからの手で切り離すことを条件とされているわけですから、厳密には『会社とは分離されて』と言い切れない状況になっていると思います。代表取締役を脅しの手段に使うとなればなおさらです。

しかし、カーブ・アウトされた個人としては、理由は何であれ会社とは別に個人として起訴されるのは事実ですから、その観点からお話をさせていただきたいと思います。

別途起訴されるカーブ・アウトされた個人の選択肢は、会社から強制されたと争う場合を除いて、基本的には2つあると考えます。

1つは、もう高齢で定年も近い等の事情もあり、今後の自分の人生で二度と日本から出国するつもりはないと決断し、ＤＯＪの起訴に応じないというものです。簡単に言えば、無視したまま日本国内に引きこもるということです。

この場合、出頭命令に従わないとして法廷侮辱罪にも問われる可能性が高いと思いますが、もはや日本から出ないと決めた以上、法廷侮辱罪が加わったところでなんともないという考え方です。

もちろん日本と米国の間には犯罪人引渡条約があり、カルテルといった独禁法違反が引渡しの条件を満たすかどうかは専門家の方のご意見にお任せしたいと思いますが、私の知るかぎりでは、これまでのところ、日本人について独禁法違反で犯罪人引渡条約に基づく引渡しが行われたことはなかったのではと理解しています。

しかし、今後も犯罪人引渡条約に基づく引渡しが行われないとする保証はどこにもありません。

むしろ、日本人引渡しに向けた何らかの動きを、すでにＤＯＪは行っているのではとの話を聞いたことがあります。したがって、日本にいるかぎり事実上安全との理論や選択肢は、近い将来において、もはや通用しないとの意識でいた方がよいというのが私の個人的印象です。

現時点では、１つ目の選択肢としてお話していますが、実はもう選択肢ではなくなる日も近いのではということです。[*22]

ただ少しだけ余談を許していただければ、この犯罪人引渡し問題については、各個人の人生観や家族の問題等ともかかわることがらであるため、法律屋の正論だけを振りかざして、「起訴された以上それに応じて出頭すべきだ」とか、「いずれ引渡し要請が来るのだから」といった話をするのは心情的にもかなりつらいものがあり、もはや第三者が軽々に何か言えるものではないのが現実だと思います。

それだけ苦しく重たい問題だ、との認識をもっていただければと考えます。

ちなみに、米国と犯罪人引渡条約を締結していない国だったら海外旅行は可能などと軽々しく発言している論稿をみた記憶がありま

memo

＊22　反トラスト法は米国の法律であり、米国法に違反する犯罪行為であっても、日本人には関係がないという根拠のない思い込みをしていないだろうか。グローバルで活躍する日本企業の経営者に限ってそのような危険な思い込みをしていることはないと考えるが、従業員の中にそのような危険な思い込みをしているものがいる可能性はないだろうか。反トラスト法に違反した日本人の引渡しにかかわってくるのが、日米犯罪人引渡条約および逃亡犯罪人引渡法である。これまで、これらによって日本人が引き渡された例はなかったのだが、引渡しのための理論的な問題点も克服されつつあり、イギリスやドイツの実例ではあるものの、実際に引渡しがなされた事例が近年出てくるなど、DOJの要請により、日本人の引渡しがなされる可能性が高まってきていると言える。反トラスト法違反は厳罰に処する、個人を拘禁刑に処し、米国社会に対する詐欺行為に及んだ代償を利子付きで支払わせるというのが、DOJの基本的な考え方であり、イギリスやドイツに対して引渡しを求めながら、日本に対してのみ引渡しを求めないという事態はむしろ考え難いのではないだろうか。

すが、法理論上はともかく、現実的にはきわめて無責任な発言だと私は考えます。確かに法理論上は引渡し義務がないわけですから、理屈上は安全と言えるかもしれません。しかし、国によっては、ある国益なり利権を得るために、米国で犯罪人とされた外国人の1人や2人を何らかの理由をつけて身柄拘束し、米国に引渡す「協力をする」可能性もゼロではありません。日本の常識は必ずしも世界の常識ではないのです。したがって会社としては、（現時点レベルでの話に過ぎないかもしれませんが、）もはやＤＯＪの起訴に応じず、日本国を出ないと決めたカーブ・アウトされた個人については、そのみずからの判断通り、たとえ米国と引渡条約を締結していない国であっても、日本を出て訪問することはやめてほしいとお願いするしか現実の選択肢はないのではと思います。[*23]

山口　では、２つ目の選択肢というのはどのようなものでしょう?

龍　理由がいかなるものであれ、召喚に応じて出頭するというパターンです。まだ若くて今後の会社員生活に影響が出るためとか、あるいは会社に取引に応じるよう説得されたために米国に渡り、司法取引を行って有罪を認める場合です。

この場合の個人の刑事手続きについては、基本的には会社と同様で、ここで詳細に繰り返す必要はないでしょう。

代理人である米国の弁護士がＤＯＪと罰金額や禁固刑の内容・期間を交渉し、その交渉が

memo

＊23　米国以外の国と地域で、米国と捜査協力をしていない国と地域がどれだけあるだろうか。また、これらの国と地域のみを選ぶことでビジネスが成り立つだろうか。しかも、米国と捜査協力している国と地域にトランジットで立ち寄った際に身柄拘束されるかもしれないというリスクを抱えながら。

まとまれば、刑事裁判で裁判官に対して有罪答弁を行い、基本的には司法取引どおりの刑事罰を判決として出してもらうというものです。

この禁固刑の期間ですが、10年、20年前までは比較的短かったようですが、最近は14カ月とか19カ月といったかなり長期間の刑期が増えているようです。これは、事案の内容にもよるのでしょうが、ＤＯＪの判断がより懲罰的で厳しいものになってきた結果とみてよいでしょう。[*24]

また、禁固刑の内容については、その自由度の点から現在4種類あるようです。一番自由度の高いものは、日本人がイメージするような牢獄に入れられるといったものではなく、ある程度の範囲内では移動の自由が認められ、鉄格子等もまったくない施設のようです。他方、自由度の一番低いものは、いわゆる日本人が想像する牢獄のようで、鉄格子か鉄の扉かはわかりませんが、一定の狭い空間に閉じ込められる、映画やテレビでよく出てくるものです。

ただ、日本人に科される禁固刑というのは、期間としては昔より長くなったものの、内容としては昔と同様に一番自由度の高い施設で、牢獄に入れられるといったケースではないと聞いています（少なくとも現時点では）。ただそれでも、1年半や2年等の期間を米国の収容施設で過ごさなければならないとなると、健康面での心配をはじめ、やはり本人にも家族にも、そして

memo

＊24　反トラスト法違反で服役する場合、多くの場合最低服役期間が１年超であることはご存じだろうか。３カ月程度の短期間だろう、あるいは、保護観察が付くだけで矯正施設に入る必要はないなどと、根拠のない思い込みをしていないだろうか。司法取引の際に、実際に禁固刑の服役期間の算定の際に用いられるのが米国量刑ガイドラインであり、その最新版によると、反トラスト法違反の場合、最低服役日数は10ヵ月と１日であり、多くの事例では、最低服役日数は１年１日である。理屈の上では、裁判所は米国量刑ガイドラインに拘束されないし、DOJの求刑よりも実際の判決の方が刑期が重くなった実例も過去にはあり、その意味で、実務上も、裁判所は同ガイドラインに拘束されてはいないが、圧倒的多数の事例で、裁判所は、司法取引で合意した服役日数を前提に判決を下しているというのが実情である。

会社にも大きな影響があると言ってよいと思います。[*25]

山口　個人にとっても会社にとっても、現在および将来の人生や生活にかかわる問題ですね。

龍　まさにおっしゃるとおりです。

ただここで考えるべきことは、その収監された個人の過酷さや今後の人生の大変さ、家族のつらさといったものだけでなく、会社やその経営層が、海外コンプライアンスに関するみずからの理解と役職員への教育研修を、今後いっそう真剣にしっかりと行うということでしょう。加えて、実質的に機能する内部統制の体制がきっちりと構築できているのを当然の前提として、それを厳格に運用する態勢までできていなければ、会社の真の財産である役職員、特に若い従業員等の人生や、役職員の家族生活を大きく狂わせ、とんでもない状況に追い込んでしまいかねないということだと思います。

まずは会社やその経営層自身が、みずからの会社にしっかりとした内部統制の構築・運用機能をもたせ、役員まで含めた教育研修もきっちり行う会社の理念とあり方が最も重要だと考えます。

memo

＊25　現行法上、米国の刑務所の待遇は、maximum security、close security、medium security、およびminimum securityという４段階に分類されている。minimum securityの施設は、上記にて触れているようにある程度の自由が確保される施設であるが、このような待遇の良い施設に入ることのできる保証はまったくないし、そのような甘い見通しをもつことはまったく的外れであることを認識している日本企業の経営者はどれくらいいるだろうか。medium securityの施設であっても、鉄条網と鉄格子のある文字通り犯罪人を矯正するための社会からの隔離施設であり、反トラスト法のコンプライアンスを怠った場合には、経営者みずからが、このような矯正施設で服役をする可能性があることを本当に認識しているだろうか。反トラスト法を遵守するための投資を怠ることにより、みずからが、このような施設に入れられ、米国の価値観を前提とした人格矯正を強いられるリスクを招いていることを、本当に理解しているだろうか。

山口　会社にとって一番重要な資産は人であるとよく言われます。それを表面的に、会社をかっこよくみせるためだけに言うのではなく、本当にその資産を大切にする実質的な会社の機能なり態勢といったものを作り上げて実践する必要があるということですね。

会社やその経営層が、どれほど世界レベルでのコンプライアンス意識、内部統制意識をもち、それによって会社そのものやその会社を実質的に構成する1人ひとりを守ることができるかを問われる場面と言えるでしょう。

Column

・日米犯罪人引渡条約

日本とアメリカ合衆国との間で締結された犯罪人引渡しに関する条約。昭和55年３月５日条約第三号。昭和55年３月26日効力発生。シャーマン法１条違反は、条約付表の私的独占または不公正な商取引の禁止に関する法令に違反する罪に該当すると考えられており、引渡の対象に該当する可能性がある。日米犯罪人引渡条約に基づき、日本国民が、米国政府に引き渡される上で関係する要件は複数あるが、実務的に重要なのは、①罪を犯したと疑うに足りる相当な理由（同３条）および②双罰性の有無（同２条１項）の２点である。この点、「罪を犯したと疑うに足りる相当な理由」については、請求国の有罪の裁判がある場合は当然、米国において有罪答弁を行って受理された場合も上記要件に含まれる（東京高決平成20年３月18日・判時 2001号160頁）。また、「犯罪を行ったことを疑うに足りる相当の理由」とは、有罪判決を得られる程度のものではなく、日本の勾留（刑事訴訟法60条１項）の要件として規定されている「罪を犯したことを疑うに足りる相当な理由」と同じ程度のものとして運用されている。また、双罰性（日米犯罪人引渡条約２条１項）は、抽象的双罰性と具体的双罰性の２つの要素で構成される。抽象的双罰性とは、逃亡犯罪人が行ったとされる行為が、引渡しを請求する国および請求された国の双方において、犯罪に該当することをいう。また、具体的双罰性とは、逃亡犯罪人が行ったとされる行為が仮に日本で行われ、または、日本で同行為について裁判が行われたとした場合、逃亡犯罪人に刑罰を科し、またはこれを執行することができることをいう。この点、まず、抽象的双罰性については、日本では、価格協定や受注調整は、私的独占または不当な取引制限の罪において５年以下の懲役または500万円以下の罰金に処するとされており（独占禁止法89条１項１号）、他方、シャーマン法第１条では、個人に対して100万ドル以下の罰金もしくは10年以下の禁固刑またはその併科の対象となる犯罪であり、いずれも、死刑または無期もしくは長期１年を超える拘禁刑に該当する犯罪行為であって、抽象的双罰性の要件を満たす。他方、具体的双罰性であるが、私的独占または不当な取引制限の罪の公訴時効は５年である（刑事訴訟法250条２項５号）ところ、当該犯罪は継続犯であり（東京高判平成19年9月21日・審決集54巻773頁)、その終期すなわち公訴時効の起算点は、実行行為終了時ではなく、法益侵害終了時、つまり、共謀の対象となった製品の最終の販売行為終了時であると解される。当該最終の販売行為には間接販売が含まれる可能性もある。具体的な双罰性が消滅する時点には十分な留意が必要といえる。

・引渡の実例

2014年4月4日、マリンホースカルテルに関連し、イタリア人被疑者(Romano Pisciotti氏)が、ドイツから米国に引き渡されたのは記憶に新しい。同被疑者は、2013年6月にドイツ国内において身柄拘束されていたのだが、2014年4月24日、罰金5万ドル、禁固刑24カ月に同意して有罪答弁した。なお、米国司法省の国際受刑者移送プログラムに基づいて、当該イタリア人は、米国国内ではなく、イタリア国内の刑務所において服役する。また、同年4月4日にはカナダのブリティッシュコロンビア控訴裁判所は、反トラスト法違反の被疑者の米国への引渡しを支持する判断を下している。なお、米国司法省は、炭素製品カルテルに関し、英国当局に対してIan Norris氏の引渡しを要請し、2010年3月23日、引渡し受けるのに成功しているが、違反行為の当時、英国ではカルテルについて刑事罰がなく、抽象的双罰性の要件を満たさないとして、司法妨害罪等を根拠として引き渡されたものであった。

・シャーマン法1条の公訴時効

シャーマン法第1条の公訴時効は5年間(18 U.S.C. §3282)であり(民事は4年。15 U.S.C. § 15b。起算点は損害発生時。)、かつ、時効の起算点は、共謀による影響が消滅した時点(最終の販売行為終了時)であると考えられる(United States v. Kissel, 218 U.S. 601(1910))。しかも、反証がないかぎり、共謀による影響の消滅時点まで、影響は継続すると推定される(United States v. Therm-All, Inc., 373 F.3d 625. 632(5th Cir. 2004);but see United States v. Hayter Oil Co. 51 F.3d 1265, 1270-71(6th Cir. 1995))。なお、シャーマン法の公訴時効は、被疑者が米国国外にいる場合は停止する(18 U.S. C. § 3290)。

4

欧州委員会への対応

◆競争当局の連携

山口　米国の独禁法からは少しずれますが、カルテルの問題が米国で生じると欧州委員会も動くといったケースが一般には多いのではと思います。

また最近では各国の競争当局の連携が以前より深まっているという話も聞きます。

そのあたりについても簡単に言及いただけますでしょうか？

龍　そうですね。欧州委員会の動きもこの10年、20年でいろいろと変わっているようですし、各国競争当局の連携も昔よりは進んできているようですね。

個々の詳細な実務はわからないところもあり、比較的最近の動きは、独禁法専門のＥＵや日本の弁護士等からお聞きした、あるいはみずから調べて理解したレベルにとどまってしまいますが、その程度でお許しいただくことを前提にお話しさせていただければと思います。

まず競争当局間でのカルテルの情報交換について少しだけ申し上げますと、欧州委員会ではそういった情報入手を欧州競争ネットワーク（ＥＣＮ）からの情報という呼び方で位置づけているようですが、米国当局とは協力協定をすでに１９９５年の段階から締結していたようです。またカナダ当局との協力協定も１９９９年には締結されていたようで、両国とも比較的早い段階から協力協定が存在していたと言えるでしょう。

日本はどうかというと、２００３年の段階で欧州委員会は日本と協力協定を締結したとのことで、米国やカナダよりは当局間の公式の連携は遅かったと言えるかもしれません。しかし、それでもすでに10年ほど前から日本は欧州委員会と公式なカルテルの情報交換協定を締結していたわけですね。

もちろん、その協定の存在によってお互いにどれほど情報のやり取りをしているのか、締結以前でも非公式な情報交換はなかったのか、あるいは量的・質的に同レベルの情報を交換しているのか等は、当然ながらまったくわかりません。

この点に関してある弁護士の論稿では、公正取引委員会の職員が守秘義務を負っている以上、その義務を否定する条約がないかぎり、情報交換といっても限度があるといった記述を拝見したことがあります。また、同様の趣旨で、カルテルにおける守秘義務の対象が何なのかよくわからず、対象になるというのであれば、それほど突っ込んだ情報交換はできないだろうといった論稿もみたことがあります。

しかし、これらの見解はある種、建前論と言いますか、机上の空論の響きがあります。最近聞こえてくる話やマスコミ情報等によれば、もはや世界マーケットでの経済活動が当然となり、そこで行われるカルテルという犯罪の密室的要素に鑑みれば、各当局間の連携は一昔前よりも密接なものになっていても不思議ではないでしょう。

現実にも、少し前にあった自動車輸出カルテルにおいて、公正取引委員会が２０１２年９月に日本の海運各社を立ち入り検査しましたが、同時期にＤＯＪが米国独禁法違反容疑である日本の海運会社の現地法人の調査を始め、米欧当局も調査を進めているといった記事が掲載されていました。もちろん単なる偶然という見方もできるかもしれませんが、お互いに事前に連絡をした上で、ほぼ同時に立ち入りを行ったという考え方もできるのかもしれません。

山口　やはり競争当局間の連携というのは、可能な範囲で強化されているのかもしれませんね。

龍　そうですね。これはまったく想像の域を出ないのですが、そのように考えていた方が会社としてはより安全と言えるでしょう。

カルテルが日本で行われようが米国で行われようが、その情報は欧州委員会やカナダ当局等にも可能な範囲で流れ、ＥＵマーケットに影響を及ぼしたと認定されれば、カルテル行為の場所がどこであろうと欧州委員会なりＥＵ域内のどこかの国が動くと考えておく方がおそらく賢明だと思います。

もっとも、捜査開始の現実としては、罰金や制裁金を科されるのを避けるべくリニエンシー申請を決定した企業が、関係する国々や地域の当局すべてにリニエンシー申請をすることで、捜査が始まる場合が多いのではないかと推測しますが。

山口　ビジネス形態によってさまざまでしょうが、現代の経済活動状況を考えれば、ごく一般的には、リニエンシー申請すると決めた企業は当然日本だけでなく、米国当局や欧州委員会、カナダ当局といった国や地域の競争当局にも申請することを考えるでしょうからね。近年では、ブラジル等の南米諸国まで含まれるのかもしれません。

◆欧州委員会の調査と対応の概要

山口　それで、欧州委員会に申請をされて当局の捜査が入った企業の対応というのは、大まかにいってどのようなものになるのでしょうか。

龍　通常の、と言うべきか、従来のという言い方がよいのかはわかりませんが、大きく言えば、EUの場合も会社としての対応はほぼ同様です。

ある会社のリニエンシー申請によって情報を得た欧州委員会は、立入検査を入れ、その後の捜査を経て、Statement of Objections、日本語では異議告知書とか異議申立書と訳されSOと略称されることも多いようですが、このSOを送付します。2004年頃までの実務では、立入検査を実施せず、いわゆる18条請求（Request for Information）[*26]を送付して捜査を開始するという手法を定石とし、現在でもこのような手法をとる事案もあります。

しかしいずれにせよ、欧州委員会の書面主義は原則として変わっていないようで、RFIを会社が受領すれば、会社は指定された期間までに要求された書面を提出しなければなりません。ただ、私の聞いた範囲では、この期間というのが一般にはきわめて短く、1週間程度しか与えられないということです（案件の内容等によっては異なるでしょうが）。

memo

＊26　理事会規則2003年第1号第18条に基づき、欧州委員会が、事業会社等に対して求める、情報提供要請に対する一般名称・通称。

ＥＵで選定した弁護士の延長申請によって情報提出期間の延長は認められるようですが、それでも1週間程度の延長しか認められないことが珍しくないようです（ただし、これも案件や協議の内容によるかもしれません）。

山口

1週間や2週間というのは実際なかなか厳しいのではないですか？

龍

まさにそのとおりです。提出する内容はかなり面倒なもので、1～2週間程度の期間ではかなり厳しいのが事実です。

ご存じのとおりＥＵはヨーロッパ各国の集合体ですから、各国別かつ各年別にその売り上げや利益等の情報を要求されることになります。しかも、ＥＵのいくつかの国は後から追加的に加盟しているわけですから、××××年以降は○○、△△、□□、…の国も付け加えてといった要求になってきます。

社内のＥＵ向け販売データで、長年にわたって普段からそのような年別かつ国別の形できっちり整理していれば、その集計が大変というだけで終わるかもしれません。しかし、売り上げデータ処理の整理の仕方次第では、「何年についてはどの国にどれだけの販売を行って、その利益は…」という作業を提出まで含めて2週間程度以内にやらねばならないわけですから相当厳しい作業になることが予想されます。事案の規模によっては徹夜で対応するしかないといったケースもあるかもしれません。

山口　リスク管理を含めた平時からの準備が重要な一場面という言い方も可能かもしれませんね。

龍　まさにそのとおりです。加えて、先ほども申し上げたとおり、欧州委員会への回答というのは書面主義ゆえ、現在も大きな変化がないとすれば「英語による書面で」提出することが求められます。

ただこの点について少し付加すると、２００４年以降の実務では、欧州委員会競争総局は、電子情報の解析に積極的に資源を投入し、最新のソフトウェアの導入を進めてきました。現在使用しているメール分析システムは秀逸で、どのメールが誰に送付され、そこからどのように展開しているのか、図示することができますし、削除されたメールや電子データを復元する技術もここ10年間で進歩してきているとのことです。また、２０13年3月に「立ち入り調査（Dawn Raids）に関する欧州委員会のガイダンス」に改正が加えられ、ＰＣや携帯電話、ＣＤ-ＲＯＭ、ＤＶＤ、ＵＳＢ等の記録媒体も調査対象であることが改めて確認されました。ここ8年間位の実務が改めて確認され、いわゆるPaperless Approachが改めて確認されたわけです。そのため、現在および将来において、「書面」にこだわった提出形態に変化が生じてきているとは言えますが、その場合でも日本の会社にとっては「英語による」という部分はどうしても残ります。

したがって、日本の会社としては、日本語の提出対象書面等を英語に翻訳するという、時間的・費用的にきわめて大変な追加的負荷がかかることになります。しかもそこで使われる英語は、法律英語という専門性だけでなく、競争法分野で一般に使われるもので競争総局に誤解を生じさせない、いわば特殊専門性を含む英語となるわけですから、英語が得意な日本人が適切に翻訳すればとの甘い考えはきわめて危ないと言ってよいでしょう。

現実的には、ＥＵの代理人弁護士自身が作成した回答書か、少なくともその弁護士事務所によってレビューされＯＫとなった英文回答書でなければならないと思います。そういった言葉の壁を超える作業も含めた2週間程度ですから、まさに経験した者しかわからない、筆舌に尽くし難い作業となるようです。

また、追加で質問があれば、欧州委員会はいつでもその質問書を送付してくるのが実状で、私の理解している範囲では、その提出期間も1～2週間程度とのことですから、時間的制限の厳しさや対応業務のキツさという点では、ＤＯＪよりはるかに欧州委員会の方がつらいと言えるかもしれません。

山口

言葉の違いによる不利さ、厳しさというのは、日本企業ならではと言えるのでしょうね。

◆欧州委員会での個人の取り扱い

山口

ところで、欧州委員会の場合は個人の取り扱いはどうなるのでしょう?

龍　欧州委員会の場合は米国と異なって行政罰、行政手続ですから、刑事・民事といった区分はなく、また個人が欧州委員会から何らかの罰を科されることはありません。

もちろん、理論上では、刑事・民事といった処罰対応をするEU内のどこかの国が、個人に対して何らかのアクションをとるということも考えられなくはないかもしれませんが、私自身は、そのようなケースは知りません。

山口　欧州委員会が捜査に乗り出した案件について、EU内のどこかの国が別途法的なアクションを起こすということはないのですか？

龍　おそらくはないと考えてよいと思います。ただ、正確には自社の弁護士にご確認いただければと思います。

かなり以前にあるEUの弁護士から、欧州委員会が捜査を行う案件については、EUの各国とも、その同案件に対する捜査等を控えると聞いた記憶があります。

そして、やや記憶があいまいで恐縮なのですが、その後に他のEUの弁護士から聞いたところでは、EU内協定だか指令だかが出て、欧州委員会が捜査に乗り出した案件については、EU内の各国はその同一案件についてアクションをとらないといった内容だったのではないかと思います。

また、欧米の独禁法を比較的専門に扱っているある日本人弁護士からは、実務上、欧州委員会が会社に制裁金を科した場合、ＥＵ各国は会社であれ個人であれその国の法律の適用を控えると聞いていたが、２０１１年に欧州委員会から方針が出され、リニエンシーを受理した会社に対しては刑事訴追を控えるよう事実上の指示らしきものが出たといった話をうかがったことがあります。その方針は会社を対象としているようですが、実務上は個人もカバーしているらしく、実際にもＥＵの各国レベルで刑事訴追された事例は知らないとのことでした。

いずれもやや不明確な話で大変恐縮ですが、競争法分野の専門家が、結論としては皆そろってネガティブな回答をしており、実務上もそのような例は知らないとの話ですので、欧州委員会に加えてＥＵの各国が二重に何らかのアクションを起こすことは考え難いと一応は結論づけてよいのではないかと考えます。

ただ、いくつかの国は厳罰化の方向に動いているとの話ですので、二重のアクションの有無は別としても、これまで以上に各国当局の動きを注視しておくのがベターと言えるのではないかと思います。

より正確には、自社の弁護士にご確認いただければと思います。

◆欧州委員会との交渉―第2、第3のリニエンシー?―

山口

米国では司法取引を行うにあたってＤＯＪと話し合いがあるとのお話でしたが、ＥＵの場合、欧州委員会に書面で回答する以外に何かアクションはあるのでしょうか？

龍 ＤＯＪの司法取引と必ずしも同列には扱えないと思いますが、弁護士経由でコンタクトし、欧州委員会の委員と話し合いを行うことは可能です。

つまり、代理人である弁護士が当該委員との話し合いを進めてくれ、場合によっては、あらかじめ代理人弁護士と十分な打ち合わせを行った上、同席している捜査対象の会社の代表者もみずからの言葉で制裁金減額を目指した説明等を行うといった場合もあるようです。例えば、「会社としてはこういった立場や理由で他社との話し合いに参加した」とか、「社内では反カルテル研修を行っており、今回の件も１つの反省材料としてより強化を図るべく、こういった変更を加えてやっている」といった主張を行うということです。

ただ、ＤＯＪの場合と大きく違うのは、その話し合いの場ですぐ何らかの回答や確証を得られるわけではなく、あくまでも、ある程度会社の主張を聞いてもらえるというだけです。したがって、その話し合いが最終的に制裁金額にどの程度影響するかはわかりません。

山口 その話し合いというのは、欧州委員会に対するリニエンシーの申請と考えてよいのですか？

龍 法的にどのような位置づけになるかについては、正直に申し上げてよくわかりません。みずからの弁護士によく確認していただければと思います。

ただ、「確かにカルテルとみなされる行為を行った」と認めた上で、「その制裁金の減額を求める」という内容であれば、それは基本的にはリニエンシーの申請という法的位置づけになるのではないかと思います。

すでに他社がリニエンシー申請を行って捜査を受けた以上、制裁金の全額免除、すなわちTotal Immunityは無理でしょうが、状況によっては、制裁金の減額（Reduction in Fines）に向けたリニエンシー申請は可能かもしれません。

ちなみに、リニエンシー申請に関して少し付加しますと、２００６年12月、いわゆるリニエンシー告示といわれる「カルテル事案における制裁金の免除に関する欧州委員会告示」で、さまざまな減免条件が記載されています。そしてそれら条件をすべて満たすと欧州委員会に認められた場合、制裁金の免除や減額が可能となり、その裁量権はすべて欧州委員会にあるとされています。詳細はその告示の原文をご覧いただければと思いますが、全額免除を除き、制裁金減額の減額率についていえば、その減額申請の届け出順で決められます。１番目に申請が認められた場合は30-50%、２番目は20-30%、３番目は0-20%という割合になるようです。それぞれの幅のどこに位置するか（具体的に何%となるか）は協力の度合いによるらしく、その決定権限は当然欧州委員会に属するようです。

◆ファイナルプレゼンテーション

山口　そのような一連の行為の結果を踏まえ、いよいよ欧州委員会から制裁金額が出されるわけですか?

龍　いえ、最終的な制裁金額の決定までには、もうワンステップあります。

欧州委員会の場合、ＤＯＪと違って個別に司法取引が行われて有罪や制裁金額が決まるということはありません。もちろん、すでに述べたとおり欧州委員会の場合もリニエンシー制度というものがありますが、被対象会社を個々別々に扱って金額を決めるといった方式はとらないようです。

もっとも、1番目にリニエンシーを申請した会社の主張がほぼそのまま認められ、その会社が述べるストーリーが基本的に欧州委員会の評価基盤なりストーリーになるといった話は聞いたことがあります。したがってその点では、内容上の公平さについてやや疑念が残ると言えるかもしれませんが…。

山口　そのワンステップというのは?

龍　ワンステップというのは、Oral Hearingという名前だったのではないかと記憶しますが、嫌疑の対象とされた各社が一堂に集められ、欧州委員会競争総局を構成する各委員に対して、各社がいわば最後のプレゼンテーションを行うことです。一番にリニエンシーを申請した会社も含め、今さら顔を合わせたくない各社が一堂に集まるわけですから、お互い居心地はあまり良くないらしいですが…。

そして、各委員や各社が見守る中でそれぞれがプレゼンを行い、少しでも自社の制裁金額を減らすための説明や説得をするわけです。

もちろん、実際のプレゼンは代理人であり専門家である各社の弁護士が行うのが通常でしょう。したがって、そのプレゼンが行われる前まで、各社は自社の弁護士と綿密に打ち合わせを行い、どういったプレゼン内容で各委員に自社の立場や考え等を訴えかけるか、真剣に検討することになります。

そしてそれらすべてが終わったのち、何日かして各社の制裁金額やその理由等が記載された書面が各社に一斉に送付されるという手続きになるようです。

山口　ということは、欧州委員会の場合、ＤＯＪよりはオープンに手続きが進められるといった印象ですか？

龍　そうですね。ＤＯＪのやり方よりはフェアーでオープンといったイメージを私も感じます。もっとも、各社の説明や調査への協力度合いの評価はまったく欧州委員会の裁量権にゆだねられ、その結果は最後の最後までわからず、また書類や情報提出の要求期間の短さなどは欧州委員会の方がはるかに厳しいため、その対応は相当つらいものがあるのが実態のようですが…。

それゆえ、欧州委員会とＤＯＪ、あるいは米国の民事訴訟への諸対応が時間的に重なった場合、対応しなければならない国際法務担当者はまさに文字どおり時間と時差との戦いとなり、何年間かは休日も普段の睡眠時間もかなり削られる悲惨な状況になるようです。

山口

国際法務案件というのは、本来どうしても時差との戦いという面が回避できないものですが、それが国際カルテルのような大きな案件になると、やはりそれを現実に体験した人間でないとわからない面がいろいろとあるのでしょうね。

◆和解手続き

山口

さて、話を最初の方に戻させていただきたいのですが、ここまでおうかがいした話について、確か「従来の」という表現をされていたと思います。

ということは、何か新たな変更があるということでしょうか。

龍

はい。ＥＵの弁護士から教えていただいた話の概要をほぼ受け売りする形になってしまうのですが、２０１０年頃から欧州委員会に新たな動きが出てきたようです。その動きというのは、

Settlement Procedure、すなわち和解手続きという手法を取り始めたことです。これは、欧州委員会が各事案をより効率的に処理するため、そのような手続きを進めるようになったと言われています。

個々の詳細については事案の内容等によって違いがあるかもしれず、明確なお話はできません。しかし基本的には、欧州委員会が違反行為の内容全体をほぼ認識し終えた後、違反行為の内容や制裁金の最高限度額をその違反行為の当事者である会社に開示し、会社が責任を認めて最高限度額を受諾する和解提案を行うことで、簡素化されたSOと決定が出され、事案が迅速に収束するといった制度です。

山口　DOJによる司法取引とやや類似した方法ということでしょうか。

龍　一面ではそういう見方もできるのかもしれません。

和解を選択するすべての当事者は、一律に制裁金が10％減額されるということに加え、手続きが迅速に進む分、会社としても弁護士費用をはじめとする費用負担や人的・時間的負担が軽減できると言えるでしょう。

また、通常の決定書面では、欧州委員会が認定した事実関係の評価がかなり詳細に記載されるところ、和解の場合はその内容が簡素化され、詳細な評価は記載されないとのことです。これは、後に民事上の損害賠償請求が起こされた場合に、原告側が利用できる情報が制限されるわけですから、責任を問われ得る会社にとっては有利に働くでしょう。

しかしその反面、ＤＯＪとの司法取引とは異なり、違法行為を行ったとされる会社はその違反の有無や適切な制裁金額に関する交渉をすることはできないと欧州委員会は述べています。実際にはＤＯＪに交渉内容を認めてもらうことも容易ではなく、その点ではあまり変わらないとも言えるかもしれませんが、欧州委員会の和解の場合、会社は交渉できないと最初から明確に述べている点がやや異なると言えるかもしれません。

ただ実務上では、違反行為の範囲や期間等について、欧州委員会との協議である程度同委員会に影響を及ぼすことができるらしく、違反行為によって明らかに影響を及ぼした売上に絞り込みをかけることにより、制裁金額そのものにも影響を及ぼし得るといった話も聞いています。

このあたりの詳細は事案によってそれぞれと思われますので、ぜひみずからの弁護士からより正確で詳細な情報を入手していただければと思います。

山口

わかりました。

5

国内対応

◆秘匿特権にご注意

山口

本書は米国独禁法（Antitrust法）の実務をベースに、海外の不正やコンプライアンスに言及しているのですが、やはりこれだけ大変な刑事手続き、民事手続き、行政手続きといった話になってくると、それらが国内に及ぼす影響なり国内での対応も考えておかないといけないということになりますね。

龍

おっしゃるとおりです。国内の対応について、私がここで詳細な話をする十分な能力はありませんが、特に最近では、日本の公正取引委員会と米国のＤＯＪ、ＥＵの欧州委員会等の連携が緊密になっているとの話も聞きますので、どこか1ヶ所で法的問題が発覚すると、それが他の国や地域、そして日本国内でも何らかの問題を生じさせることは、これまで以上に十分に考えておかねばいけないでしょうね。もはやそういう時代になっているというか、否定できない時代の流れになっていると考えるべきなのでしょう。

日本国内の公取対応については、必要な範囲で日本の弁護士や社内の国内法務担当者との情報の共有を図らねばならないと思います。

ただ、ここで注意した方がよいと思われる点を1点だけ述べさせていただくと、その情報共有を行う際、弁護士との秘匿特権を失わせない形で情報を共有するよう、その方法について事前に各国の代理人弁護士と相談しておくべきだと思います。

弁護士との秘匿特権が失われるようなことになってしまうと、それは提出すべき、あるいは公開すべき情報となってしまい、後で会社として取り返しのつかないことになったり、場合によっては、海外にもその情報が流れてしまうという可能性もゼロとは言い切れません。特にEUは、秘匿特権の取り扱いについて、社内弁護士とのやり取りに秘匿特権が認められないなど、米国等の他の国より厳しいとの話を聞いたことがありますので、EUに関する情報をEUでの代理人弁護士以外に開示する場合は、その方法や内容等について事前に十分なアドバイスをもらっておくのが賢明かもしれません。

◆マスコミ対応、株主対応

山口　株主代表訴訟や株主総会対応等についてはどうでしょう？

龍　いや、そのあたりは私の方がお聞きしたいぐらいです。むしろ山口先生の方がお詳しいでしょうから…。

ただ、生意気ながら少しだけ述べさせていただければ、これらの海外不祥事に対するマスコミ対応も、株主総会対応も、株主代表訴訟対策も、本質的にはすべて1つというか共通しているのではとの印象をもっています。

言い換えれば、会社やその経営層の考え方、腹のくくり方1つで決まってくる問題ではないかということです。

もちろんマスコミ対応や投資家対応といった点では、上場企業には上場規則というものがあって、それにしたがって適宜適切な開示をすべきという話になるのでしょうが、その内容が嘘でないかぎり、どういう表現でいかに発表するかというのは、その会社や経営層のいわば信念とも言うべき問題ではないかと。そして、その情報提供のために、国際法務担当や広報担当が経営層を支える部門として存在していると思うのです。

広報担当から開示ルールについて十分な理解を得ると同時に、国際法務担当やあるいは国内外の弁護士等から一連の事実関係を含めたアドバイスを受け、それらをベースにトータルで考えて、会社経営者として何と言うか腹を決めるということだろうと思います。

一昔前なら、「事案の早期解決と費用削減のため…」といった説明の仕方でも通ったのでしょうが、今のように海外だけでなく国内の株主の中でも物言う株主が珍しくない時代になり、徹底した訴訟も珍しくない時代になってくると、もはやそのようなお決まりの説明だけで責任を免れることができるのかどうか懸念します。

事案によっては、会社に対する損害トータルが50億、１００億、１５０億、…といった話になってくると、そのプレスリリース内容も大きな影響を及ぼすであろう株主代表訴訟等で敗訴すれば、被告たる取締役や監査役が自己破産宣告をせざるを得ないといった可能性もゼロではないのではと想像します。しかも、２０１４年6月に会社法改正・内部統制改正（グループ内部統制の明確化）等が行われ、役員等の内部統制の責任範囲が、海外も含めたグループ企業までと法律で明記されると、ますます取締役や監査役の責任は大変重いものになってくると考えます。

◆内部統制の構築・運用の重要性に帰着

山口

そういったことを考えると、やはり普段から、法務部門をはじめとした各部門の適正かつ専門的な業務のあり方、コンプライアンス教育、そして経営層を頂点とした会社経営全般の体制やあり方、考え方といった、内部統制体制の構築・運用がいかにしっかりできているかが重要ということですね。

龍

そうですね。やはり最終的にはそこに行きつくのではないかと思います。

内部統制の構築だけでなく、運用までがしっかりと会社・グループ全体にまで浸透していて、役職員の1人ひとりが自社の内部統制の理念や考え方に沿った業務を、常に適正にかつ専門職の立場で遂行できる状態にあるということでしょう。

従業員にとっては、みずからの人生や家庭生活を、「会社のため」といった言葉で台無しにされないだけの知識や判断力、行動力をもつということ、また経営層は、多少費用がかかっても、自社の役職員がそのような判断や行動ができる教育研修等を普段から行い、それに基づく適正で専門的な業務のあり方が自社の風土・社風となる体制を作ること、すなわち、真の意味での内部統制の構築・運用にＰＤＣＡ的に取り組み続けることが要請されるのだと思います。

6

海外向けコンプライアンス体制

◆実質的・効果的なコンプライアンス教育

山口

さて、いよいよ最後の部分に入ってきたかと思うのですが、会社も、あるいはその役職員も、これまでお話しいただいたような大変な目にあわないために、会社やその経営層は普段からどのようなことをすればよいのか、改めてご意見をおうかがいしたいと思います。

龍

そうですね。これは言うは易く行うは難しというのが実際かと思いますが、やはり先ほど触れましたとおり、「実質的で効果的と認められるコンプライアンス教育や内部統制体制の構築・運用」に尽きるのではないかと思います。

山口

「実質的で効果的」と言われますと？

龍

社内のコンプライアンス教育で、例えば米国の独禁法に関するセミナーを取り上げるといった場合、シャーマン法やクレイトン法等の法律の説明を行い、そこに若干の事例などを加えて理解してもらうといったパターンが少なくないかと思います。

それはそれで大切なことで、否定されるべきではありません。

しかし、法律の説明や内容を聞いただけで本当に「実質的かつ効果的か」と言われると、私はやや疑問を感じます。受講者のうち、どれだけがそんな小難しい外国の法律の規定や理屈に興味があるのか、すぐに眠たくなるだけではないのかというのが多くの実態ではないでしょうか。
私が「実質的かつ効果的」と述べている本当の意味は、コンプライアンス体制であれ内部統制全体の体制であれ、それを構築して実施することで、ＤＯＪのような執行機関に彼らの要請内容を具現化していると理解・納得させ、万一の場合でも、少しでも処罰軽減や罰金額減額につながり得るような方法のことです。

◆連邦量刑ガイドライン　§8B2.1.

山口　もう少し具体的にお話しいただくと、例えばどのような方法ですか？

龍　ＤＯＪを例にとれば、ご存じのとおり、違法行為の罰金額算定等にあたって、原則として連邦量刑ガイドラインというものが使われますね。
そこでは、こういう状況があれば××点の加点（量刑が重くなる）、このような体制を備えていれば○○点の減点（量刑が軽くなる）といった点数計算が行われ、それをベースに最終的な罰金額が算定されるわけですが、この減点事由の1つにEffective Compliance and Ethics Program（§8B2.1.）というのがあります（巻末【資料3】）。あえて日本語にすれば、「効果的なコンプライアンスおよび倫理プログラム」といったタイトルにでもなるでしょうか。
そしてこの §8B2.1. に記載されている要件を満たすと判断されれば、3ポイントの減点になると書かれています（§8C2.5.(f)参照、巻末**【資料4】**）。つまり、多少でも罰金額がマイナスになるわけです。ということは、§8B2.1.に書かれている内容を内部統制の体制やコンプライアンス研修、コンプライアンス体制に明確に取り込むことによって、より「実質的で効果的」な体制にできると私は考えています。

山口

その内容というのはどのようなものでしょう?

龍

はい、少し長くなりますがその概略だけご紹介しましょう。より正確な理解をという方は、原文をお目通しいただければと思います（巻末**【資料3】**）。

まず、その会社なり組織が、

(1) 違法行為を予防し発見する適正手続を実践すること、および

(2) 倫理的行動や法令遵守を推奨する組織文化をつくっていくこと。

そして、そのようなコンプライアンスなり倫理プログラムが合理的に設計され実行されることで、違法行為の予防・発見に効果的であること。

加えて、その適正手続や組織文化をつくっていくためには、最低でも、以下を必要とします。

① その組織が、違法行為を予防し発見するための基準と手続をもっている。

② その組織の統治機関（取締役会等）が、そのコンプライアンスおよび倫理プログラムの内容や実践について理解しており、そのプログラムの実施や効果について合理的な監視をして

いる。

その組織の上層部は、そういったプログラムを組織がもっていることを確実なものにし、上層部の中の特定の人（々）がそのプログラムに関する全体的責任を引き受ける。

そして、その特定の人（々）は、プログラムの日々の実行責任を委嘱され、実行責任者は、定期的に上層部や統治機関、あるいはそのサブグループにプログラムの効果をレポートしなければならない。実行責任者はその責任の実行にあたり、十分な資源や適切な権限、そしてその統治機関やそのサブグループへの直接的なアクセスが与えられねばならない。[*27]

③　組織は、組織の実質的権限をもつ人々の中には、違法行為やそのプログラムと矛盾する行為を行ったと組織が知っていた、あるいは知るべきであった、いかなる個人も含めないよう、合理的な努力をしなければならない。

④　組織は、定期的かつ実践的な手法で違法行為の予防・発見の基準や手続を組織の全メンバーに伝えるべく、効果的なトレーニングプログラム等を行う。

⑤　組織は、以下について合理的なステップを踏まねばならない。

- 違法行為発見のためのモニタリングや監査を含む、組織のコンプライアンスおよび倫理プログラムが従われていることの確認
- そのプログラムの効果の定期的評価

memo

＊27　「十分な資源や適切な権限」という意味は、「十分予算をとり、監査を入れ、役員会に報告し、不正があった場合には厳罰に処すように」という趣旨である。また、「統治機関やそのサブグループへの直接的なアクセス」というのは、実行責任者の報告を特定の人（々）が握りつぶせないよう、組織を構築せよという意味である。なお、アクセスをした後で、報復がないように制度上も工夫する必要がある。

・組織の従業員が、おそれや報復なく、潜在的なあるいは現実の犯罪行為に関するレポートを行い、またはガイダンスを求められる報告システムをもつこと（匿名や秘密を許すメカニズムを含む）

⑥　組織のコンプライアンスおよび倫理プログラムが、そのプログラムに沿って行為する適切なインセンティブや、違法行為への関与等に対する懲罰的な手段を通して、組織全体に奨励され実施されねばならない。

⑦　違法行為が発見された際は、プログラムの必要な修正を含め、組織が違法行為に適切に対応し、類似の違法行為を予防しなければならない。

そして、これらを実施するにあたって、組織は定期的に違法行為のリスクを評価し、そのリスクを減らすために、ここに書かれた個々の要求の修正等を行うとされています。

山口　現実に実践するには、結構手間や時間がかかりそうな細かいところまで言及しているのですね。しかし、こうした量刑ガイドラインの内容に沿った「実質的で効果的」な内部統制の体制やコンプライアンスの体制を作れば、ＤＯＪに十分アピールできる会社のあり方が構築されることになりますね。

龍　私もそう思います。実はこのコンプライアンスプログラムに関する部分というのは、２０１０年の４月に量刑ガイドライン委員会によって採択され、２０１０年11月１日から施行されたものということです。これだけ細かな規定を置かなければ、いつまでも企業による不正はなくならないという認識の現れかもしれません。

規定の表現をみれば小難しい細かいことを書いているなというイメージかもしれませんが、ある程度の規模をもった会社であれば、実はすでにコンプライアンス部門やCSR部門、少し古いところなら企業倫理部門といった名前で、部分的にでもこれらを満たし得る組織なり会社の体制をもっておられるのではないかと思います。

したがって、それら既存の組織等を連邦量刑ガイドラインに沿った形に修正し、その記載内容に沿った活動を展開していけば、それほど難しくなく「実質的かつ効果的な」コンプライアンス体制ができるのではないかと思います。

◆経営体制としての真のコンプライアンス体制（態勢）

山口

少し具体的にご説明いただけますか？

龍

例えば、①～③に書かれている内容については、会社によってはすでにコンプライインス室とか内部統制推進室、CSR推進室等の組織をもっていて、その組織の担当役員として、社長や専務・常務クラスの方が任命されているといった形になっているのではないでしょうか。

そして、それらの部門長に、その業務にふさわしい能力と人格をもった人を就任させ、取締役会やそれに準ずる経営層の会議体に定期的に活動報告をさせれば、要件を満たすことになるのではと思います。もちろん、社長以下の経営層や部門長が、それらの部門の活動内容やコンプライアンスに関する会社の基準や手続き、ポリシー等について形だけでなく実際に十分な理解を深めていることが前提ですし、それらの内容にふさわしくない不祥事等を過去に行っていたとか、部門長自身が自分にとって都合の悪いことは見て見ぬふりをして取り上げないといったことがないのが前提です。

つまり、どこの会社でもよくありがちな、「全従業員に理解させてちゃんとやらせろ」等と述べ、実質上「自分は例外」といったズルい姿勢を許すことなく、文字通り社長以下が率先垂範して取り組んでいるということです。また、公平性や正義感、そして何よりも人としての真摯さをもった役職員がその任に就くということです。

山口　経営層や部門長の意識や本気度、具体的アクション、そしてそれらの前提としての人格がまず基盤として重要ということですね。

龍　そうですね。もちろん聖人君子である必要はないですが、最低限の基本として、コンプライアンスの重要性に対する意識と、その活動を担うにふさわしい正義感と真摯さがなければいけないでしょう。それは本来、経営者や担当部門長としての役割を担う最低限の要素だと思います。

また、現実には経営層の真の理解がないと難しいと思いますが、それらの部門が手を変え品を変え、自社のコンプライアンスに関する基準やルール等を、あるいは関係法令等を、役職員向けの定期・不定期なコンプライアンス研修や法務研修で取り上げ、各職場でもみずからコンプライアンス活動を継続してやっていただく態勢にすることが重要です。

ここでのポイントは、従業員向けだけでなく、役員向け・経営層向けにもきちんと行うということです。実務的にはそれが一番難しく、「それが本当にできれば苦労しない」と多くの担当者が言われると思いますが、これは経営トップ、すなわち会長や社長の日常の意識が分岐点だと思います。すなわち、会長や社長の「鶴の一声」が、しつこいくらい何度も社内やグループ内に繰り返されるか否か、会長や社長が実際にそのようなアクションをとるかどうかが分かれ目でしょう。

そして、それらの研修結果や各職場での取り組み状況・進捗状況についてモニタリングや監査を行い、あわせて自社内に内部報告制度を作ってそれが公正・公平・迅速に機能するよう運用できれば、④と⑤の要件は満たしたことになると思います。

そのような体制の下、上から下まで一貫して信賞必罰を明確にし、何か新たな問題点が見つかった場合は当然、見つからずとも常日頃からＰＤＣＡ的にかかるコンプラアンス体制を見直すことにすれば、⑥や⑦も満たすことができるでしょう。

したがって、既存の組織や体制でまだ改善の余地があるところは、このように連邦量刑ガイドラインも参考にしながら、海外法規類の研修も含めたより良い態勢にしていけば、自然と海外の不正リスクにも対応するコンプライアンス体制ができあがると思います。

それは言い方を変えれば、２０１４年6月に改正された、国内外のグループ企業も視野に入れた内部統制体制のコンプライアンス部分ができることにもなると思います。

山口　国内であれ海外であれ、万一の時でも一定の機能を期待でき、また国内的には役員の法的責任が問われにくいコンプライアンス体制、経営体制ができるということですね。

龍　はい。既存の諸規制やガイドライン等を理解しつつ、それらを有効に利用しながら会社のコンプライアンス体制、経営体制といったものを、海外の法規上・事実上の要請を満たした内容に早急に作り直していくことが、今後ますます重要であり必要になってくると考えます。

山口　長時間にわたって貴重なお話をいただき、本当にありがとうございました。

第2部

解説篇

1

海外不正リスクに対する社内体制の整備

1　前向きのリスク管理が求められる国際カルテル事件への対応

私のような国内案件しか扱わない弁護士でも、ときどき海外不正案件への対応に関連する相談がある。もちろん、現場での対応は現地の弁護士や、橋渡し役の日本の弁護士に委ねるわけであるが、日本における紛争解決の方法とは大きく異なることや、また企業が背負う金銭的負担の大きさに愕然とすることがある。

ただ、冷静に考えてみると、海外で大きな利益を上げている企業が、コンプライアンスリスクを負担することは当然である。最近でこそコンプライアンスという言葉は「社会の要請に対して適切に対応すること」と訳されることが増えたが、これは何も日本の中だけでなく、海外でも同様である。平面的であれ、垂直的であれ、カルテルによって自由な価格形成が歪められることが、諸外国ではどのように受け止められるのか、それは、日本企業が最終製品を売り込もうとする国や、競争相手の所属する国にとってさまざまであろう。

間違いなく言えることは、日本企業が考えている以上に、欧米諸国では「カルテルは母国民、ひいては国家に対する重大な詐欺的行為」と認識されていることである。例えば、2万人以上のCFE（公認不正検査士）資格者を擁する米国の協会本部が定期発行している会員向けの雑誌がある（FRAUD MAGAZINE ASSOCIATION OF CERTIFICATED FRAUD

EXAMINERS)。そのバックナンバーの記事を検索すると、FCPA(海外腐敗行為防止法)や国家的利益を守るための入札談合防止に関する対策記事は登場するが、民間企業同士のカルテル防止に関する対策記事は登場しない。これだけ日本にとって脅威である反トラスト法違反事件ではあるが、米国では自国民の利益を守るための法政策であるから、むしろ摘発は歓迎されているのであろう。

ところで、国際カルテル事件の対応を余儀なくされた企業をみて感じることだが、国際カルテル事件のリスクは国内における企業不祥事への対応という枠組みだけではとらえきれないほどの重大なリスクである。まさに本書の対談において、龍が述べるとおりの想像を超えたリスクであり、実際に体験した企業でなければリスクの大きさを理解できないのかもしれない。このリスクの重大さを、これまで国際カルテル事件に巻き込まれた経験のない企業に伝えることは至難の業ではないか、とも思う。

本書では米国の反トラスト法違反事件を中心に扱っているが、まず現在の日本で脅威と感じられているのは、その刑事責任である。シャーマン法違反に対して刑事罰が設けられており、法人に対しては1億ドル以下の罰金刑、個人に対しては100万ドル以下の罰金刑、10年以下の禁固刑である。特に最近は、幹部クラスの本社社員が禁固刑に服している事件も多く、新聞でも頻繁に報じられている。

また、刑事責任と同じほどに重大なのは、司法取引後の民事賠償請求への対応である。クレイトン法に基づく三倍賠償責任や、集団訴訟、被害を受けた企業からの損害賠償請求訴訟など、本書で述べられているように、きわめて多くの裁判に対応しなければならない。

さらに停止命令の発令や命令違反への課徴金制度などの行政責任を問われる可能性もあり、最終的には多くの国において、レピュテーションの低下、それに伴う信用回復措置など、企業は法的責任のみならず社会的責任を果たさなければならない。これらの責任問題を解決するためには、長時間を要し、また莫大な費用負担を余儀なくされる。近時は、国際カルテル事件への対応のみならず、ＦＣＰＡ（海外腐敗行為防止法）や英国賄賂法における摘発リスクなども顕在化していることを考えると、おそらくグローバルビジネスを展開する多くの企業が、このような海外不正リスクと隣り合わせにあると言っても過言ではない。

ただ、いかに脅威に感じるとしても、日本企業は、東南アジア諸国を中心に、諸外国へ販路を広げていかざるを得ない。また、ビジネス競争に国境がなくなりつつある今日、日本企業は諸外国の企業と競争を繰り広げていかなければならないのであり、リスクの顕在化を前提に、海外不正リスクへの対策を講じる必要がある。まさに「トライ&エラー」（走りながら考えるリスク管理）の発想が求められ、攻撃のための守り、費用対効果を考えたリスクマネジメントが求められる領域である。

2 国際カルテルへの社内体制を検討するための枠組み

本書をお読みになる方は、不正リスク対応に十分な人的・物的資源を活用できる大きな企業の方々ばかりではないと推測する。不正リスク管理については、費用対効果が厳密に要求されるところであり、国際カルテル事件への国内対応についても例外ではない。

そこで、国際カルテル事件への対応についても、できるだけ国内における不正リスク対応と関連付けることにより、費用対効果に配慮した施策を検討してみたいと思う。

当職が、コンプライアンス体制の整備を企業にアドバイスする場合には、不正の抑止（不正の予防）、不正の早期発見、そして不幸にして不正リスクが顕在化しても、できるだけその被害を最小限度に抑えるための危機対応（クライシスマネジメント）に分けて説明する。また、例えば２０１０（平成22）年1月29日に経済産業省から公表されている「競争法コンプライアンス体制に関する研究会報告書―国際的な競争法強化を踏まえた企業・事業者団体のカルテルに係る対応策―」においても、同様の区分方法により、対応策が検討されている。したがって、国際カルテル事件への対応にも、国内における不正リスク対応の考え方をできるだけ反映させることが効率的だと思われる。

3 国際カルテルの防止体制（不正の抑止）

(1) 疑いをかけられないことが重要

国内におけるコンプライアンス体制の整備にあたり、リーガルリスクを低減させるための対策の傾向は「いかにして裁判で勝てるか」ということよりも、「いかにして裁判に巻き込まれないか」を考えることにある。企業不祥事への対応に問題があるとされ、経営陣を被告とする株主代表訴訟が提起された事件は数多く存在するが、株主がなぜ不祥事発生企業の経営陣を訴えるのかといえば、「このような役員がそのまま企業経営を続けることは許せない」と考えるからである。（現実の企業損害について、役員の個人資産から補てんしてもらおう、との考えで株主代表訴訟を提起しても期待通りにはいかないであろう）。過去の新聞記事等を調べてみるとわかるが、企業不祥事を起こしたとしても、自社で事実を調査し、原因を究明し、社内処分を行い、速やかに公表する、といった「自浄能力を発揮した企業」の経営陣には、株主代表訴訟は提起されていない。株主代表訴訟が提起されている企業は、不祥事の発覚原因が「国税調査による指摘」「会計監査人による指摘」「マスコミからの問い合わせ（内部告発）」「行政調査による発見」「SNS（ソーシャルネットワークサービス）への書き込み」等によるものが大半であり、不祥事が外部からの圧力で発覚してしまったようなケース、いわゆる「自浄能力を発揮できなかった企業」ばかりである。

これと同じ発想が、国際カルテル事件への対応にも必要である。つまり、いかにして刑事摘発等に巻き込まれないか、いかにしてカルテルの疑惑をかけられないか、という点を考えることが最良のリスク回避手段である。現在、多くの日本企業や幹部社員が、国際カルテル事件の疑惑の中で、ＤＯＪの捜査対象となっている。これらの事件の中には、裁判で最後まで争えば勝訴できる事例も含まれているかもしれない。しかし、そこに至るまでには多大な費用と労力を要するうえ、企業の信用も毀損されてしまうであろう。本書の対談で龍が述べているとおり、いったんＤＯＪから捜査対象として目をつけられてしまえば、当該企業は司法取引をもって終結させることを念頭に対応せざるを得ないのが現実である。したがって、そもそもカルテルの疑惑をかけられないためにはどうすべきか、という点を検討しなければならない。

本書対談の中で、龍がシャーマン法やクレイトン法の内容を勉強するだけではコンプライアンス教育にはならないと述べていたが、まさに「どうすれば勝てるか」ということを勉強することよりも、まず「どうすれば疑惑の対象とならないか」という点を学ぶことが必要であり、これこそ平時からの全社的な取組みが求められる理由ではないかと考える。

（2）実体面と手続面における刑事摘発の特徴

違法行為と認定されないための第一歩は、それぞれの管轄区域によってカルテル行為の特定には差があることを知ることである。どのような行為が反トラスト法違反とみなされるのか、企業が事業拠点としている地域の法律をよく知る必要がある。例えば同業他社との価格設定、競争入札におけるカルテル、顧客や地域の割当て、生産量の制限といったハードコアカルテルについてはどこの地域でも同様に禁止されているが、例えば非公開情報の共有等の行為についてはどうか、法適用の実情を含めて検討しておくべきであろう。情報交換にしても、競争法上許容される情報交換と、許容されない情報交換については、米国ではガイドライン等によって区別して公表されている地域もあるため、非公開情報の共有にあたっても、公表されているガイドラインに沿って行為規範を社内ルール化しておくことが必要である。

また、手続面における刑事摘発の特徴にも注意を要する。

例えば競争法違反の行為となる「カルテル」という成立要件は、日本と海外とでは同じ言葉であったとしても、何をもって「カルテル」を裏づける事実とみるかは異なる可能性がある。例えば、日本ではまさに値段の合意形成に向けての協議がなされたことを当局が立証しなければならないかもしれないが、海外では「懇親会等で競合他社と会って世間話をしたこと」を当局が立証すれば、カルテルが行われたであろうとの事実上の推定が働き、企業側が「カルテルではない」とする有力な反証がなければカルテルが認められてしまう可能性が残る。この差はきわめて大きいものであり、こういった国際カルテル事件摘発のリスクを認識した上で、自社のルールを作成する必要がある。

(3) 効果的なコンプライアンスプログラムの制定

企業による国内向けの不正行為防止対策としても、コンプライアンスポリシーやコンプライアンスプログラムの制定は欠かせない。例えば、コンプライアンス経営に熱心な経営者のもとで、プログラムの一環としてヒヤリ・ハット事例を熱心に集積すると、不正リスクの評価を早期に修正することが可能となり、結果として不正の未然防止に役立つ場合がある。ただ、コンプライアンスプログラムの重要性を理屈としては知っていたとしても、これをいかに活用すべきか、という点において、あまり熱心ではない企業も多い。これはおそらく、コンプライアンスプログラムを作成しても、その有効性について実感する機会が乏しいからではないかと思う。

この点について、国際カルテル事件への対応という視点からすると、コンプライアンスプログラムを策定し、これを適切に運用することの有効性は比較的理解が容易である。なぜなら、リニエンシー制度を活用した場合には、不幸にしてカルテル事件に巻き込まれたとしても処罰が軽減または免責されるからである。また、たとえ処罰の対象とされた場合でも、カルテル防止に向けたコンプライアンスプログラムが整備され、適切に運用されていれば、量刑上有利に考慮されるからである（こういったインセンティブであれば、経営者にもわかりやすいであろう）。

詳細は、国際カルテル事件に精通した専門家の意見によるべきであるが、コンプライアンスプログラムの重要な項目としては、まず経営者から現場社員までが容易に内容を知ることができるような文書化である。どこからか転載したようなものではなく、個々の企業の実情に照らして、カルテル違反を回避するための行為規範が文書化されていることが必要である。

次に、そのような社内ルールの内容を理解するための研修プログラムの義務化がある。社外から専門家を招いての対面式の研修、また反トラスト法違反が招く企業の損害等を学ぶ研修等を通じて、コンプライアンスプログラムを学ぶ機会が必要である。なお、国際カルテル事件のリスク管理には全社的な取組みが求められるのであり、龍が述べているように、現地社員、海外部門の統括者、経営陣それぞれが自身の果たす役割を（プログラムの研修・教育を通じて）理解しておく必要がある。

さらに、内部統制システム構築の重要なポイントとして、社内における情報伝達経路の確保があげられる。情報伝達に必要なのは、情報管理を徹底しつつ、必要な部署に適時適切に情報が報告される体制である。対談の中でも述べられたとおり、国際カルテル事件の初動対応は、その情報管理が非常に重要となる。したがって、コンプライアンスプログラムを通じて、適切な情報伝達経路が確保されなければならない。そのための情報提供者の匿名性確保、情報管理者の特定などの機密性確保が求められるところであろう。

また、不幸にして違反行為が発覚した場合に、適切な対応を促すシステムが策定されていることが必要である。危機対応としての社内調査に必要な「独立性」「迅速性」「正確性」は、いずれもトレードオフの関係に立ち、これらをどのようにバランスを図りながら調査を進めるかがカギとなる。また、調査の進め方については、有事になってからベストプラクティスを実践することは困難であるため、コンプライアンスプログラムの中で示されている必要がある（ただし、実際に有事に至った場合には、社内調査にあたっても、できるだけ早期の時点で専門家に相談をして、社内調査の進め方に関するアドバイスを受けた方が適切であろう）。

最後に、プログラムの定期的な見直しである。ここ数年の国際カルテル事件の様相をみていても、ＤＯＪの法適用や法執行の考え方に変化がみられるのであり、これに伴い、日本企業の国際カルテル事件に関するリスクにも変化が生じる。したがって、リスクの変化に配慮しながらコンプライアンスプログラム自体を見直すことが求められる。また、プログラム自体が適切に運用されているのかどうか、運用に不備があれば、運用自体を見直すべきではないか、といった点にも配慮が必要である。不正リスク管理において、きわめて重要であるにもかかわらず、なかなか実践できないのがルールの見直しである。ＰＤＣＡをきちんと実践することが求められるが、国際カルテル事件に対応した平時のリスク管理としては、ＰＤＣＡに基づくルールの見直しが求められる。

（４）経営トップの明確な意識改革

国内のコンプライアンス体制整備の場面でも、よく経営トップの率先垂範、トップの意識改革が重要と言われる。しかし、なぜ経営トップの意識が重要なのだろうか。トップの意識改革が、現場の社員の意識を変えることになるから、という理由とともに、経営者にとってもリスク管理に実利的な旨みが見出されなければ、管理部門に十分な人的資源、物的資源が投下されないからである。

その点において、国際カルテル事件に巻き込まれるリスクについては明快である。第一に、日本の上場会社のトップが、米国の刑務所で禁固刑に服さなければならない時代が到来した、ということである。経営トップ自身が自由刑に処せられるということは、自身の名誉にも関わることだが、何よりも指揮官が失われ、企業に甚大な損失を招くことになる。これは何としてでも防がなければならない。ところが、対談の中で龍が述べているとおり、最近は海外の捜査当局が経営トップへの召喚をちらつかせて当局への協力を求めるのである。今後は、経営者自身が意識改革せざるを得ないであろう。

また、連邦量刑ガイドラインの改訂があげられる。米国の連邦量刑ガイドラインは2010年に改訂されたが、そこで経営者自身がコンプライアンス体制の整備を率先していることが求められるようになった。つまり、コンプライアンスプログラムの制定だけでなく、その運用のチェックにも経営者自身が関与していることが、量刑判断の重要な要素とされたのである。したがって、不幸にして企業が国際カルテル事件に巻き込まれた場合には、経営者自身が違法行為抑止のための改革に乗り出し、プログラムが不正抑止のために実効性を有しているかどうか、毎年チェックしていることが、量刑に影響を与えることになる。これらの点は、経営者自身の意識改革へのインセンティブとしては大きなものであろう。

また、経営トップの意識改革は外からみえるものでなければならない。国際カルテルや海外政府要員への賄賂提供といった海外不正事件では、どうしても「悪いこととは知りつつも、会社の利益を獲得するためにはやむを得ない『必要悪』である」と認識してしまう点に、根絶が難しい理由がある。事業の開始時点であれば、規範意識が優先して「リスクを覚悟してまでやるべきではない」と考えることができる社員であっても、すでに事業が順調に走りだした時点において、自分の規範意識を優先して、不正行為を止めてしまうには勇気が必要となる。ここにおいて、企業に損失を出してまで違法行為を回避できるかどうか（社員が不正に走るか否か）は、平時における経営トップの姿勢にかかっている。したがって、経営トップの意識改革は、全社員に周知徹底されていなければならず、その周知徹底の工夫が求められる。例えば、どんなに会社に利益をもたらすような事業であったとしても、カルテルを行った場合には厳格な懲戒の対象になることを、経営トップみずから宣言することが、社員に対するコンプライアンス経営への真剣度を増すように思われる（もちろん、経営トップの宣言が真摯なものであることを示す工夫が必要である）。

（5）現場社員の「気づき」を大切に

競争法コンプライアンスルールを整備し、競争法上禁止される事項を明記するなど、現場の営業担当社員がカルテル事件に巻き込まれないための工夫は不可欠である。しかし、どれだけ明確に禁止事項を示したとしても、１００％の確率でカルテル疑惑を防止することは困難である。むしろ、営業担当者にとって違和感を抱いたこと、「おかしい」と感じたことを、自分自身だけで判断するのではなく、誰かと共有できるようなシステムを構築することが望ましい。これは決して国際カルテル事件への対応だけでなく、国内における企業不祥事防止対策の全般に言えることであるが、現場社員の気づきを大切にしなければならない。特にリニエンシー制度が重要視される国際カルテル事件への対応として、少しでもおかしな行動を発見、体験した社員は、そのことを他の社員と共有できる体制を構築することが求められる。

競業他社との接触などは、その目的がどのようなものであれ、間接的な証拠によって接触の事実が明らかになると、これをカルテルではないと反証することは難しい。日本的な慣行や、日本における紛争解決の手法（和解的解決）等が、それ自体海外からはカルテルに該当すると思われるケースもあることに留意すべきである。

⑹　記録の保存

（5）で述べたところとも関連するが、日本的な慣行で物事を判断してしまうと、後日の海外における訴訟等で痛い目にあう可能性がある。例えば競合他社と接触したことが、カルテルではないことの反証をしなければならない、ということになれば、必要になるのは証拠、とりわけ書証ということになる。

したがって、国際カルテルの予防体制としては、文書やデータとしての記録を保存しておくクセをつけておくことである。近時、フォレンジックの有効性が高まり、証拠の保存方法や削除方法が社内的に不統一であると、「故意に隠蔽し、または削除したのではないか」といった疑惑をもたれる可能性がある。また、対談の中で龍が指摘しているとおり、不用意なメモの作成は、捜査当局にとってカルテル立証における有利な証拠にもなりかねない。したがって、データや文書を作成する対象事項や、保存方法、保管期間などについては、いずれの部署でも統一の基準を持ち、その基準に従って文書を管理することが強く推奨されるところである。なお、文書の保管期間については長期保存、短期保存の有利・不利が指摘されており、一概にこうすべき、ということは言えない。これも個々の企業が置かれた状況（例えば売上に占める海外展開の比率、管理のための人的・物的資源の大きさ等）から判断すべきであろう。

4 国際カルテルの早期発見体制

これまでは国際カルテル事件に巻き込まれることを防止するための予防体制について述べたが、どんなに万全を期したとしても、経営環境や海外の取締の状況が変化する以上は、不正の発生を完全に防止することは不可能である。したがって、当然のことながら、いかにして早期に社内でカルテル事件（もしくはその疑惑）を発見するか、という点が次の問題となる。そこで重要になるのは、内部通報制度の充実、社内リニエンシー制度の構築、社内監査の充実等が考えられる。

（1）内部通報制度の充実

第2部2で述べられているとおり、なぜ今国際カルテル事件への対応が求められているかと言えば、やはりリニエンシーおよびアムネスティプラスが効果的に機能しているという現状から目をそむけることはできないからである。これらの制度によって、25年前であれば決して摘発できなかったような海外におけるカルテルが、いとも簡単に摘発できる時代になった。また、自己申告によって守られる自社の利益は、「密告」と言われてしまう仲間うちの論理に勝る、との意識が高まってきたことによるところも大きい。

この現実を直視した場合、海外へ進出する日本企業としては、競業他社よりも早く不正事実を申告し、全面的に当局の捜査に協力するという姿勢を貫く必要がある。そこで即効性が求められるのは、内部通報制度の充実である。

違法性が疑われる行為が発覚した場合、企業は速やかに対応しなければならない。疑惑のある行動は直ちに中止させ、疑惑の内容については社内調査によって徹底的に事実関係を把握する必要がある（ちなみに、調査が不十分で、別の反トラスト法違反の申告を怠ったような場合には、ペナルティプラスとして新たな制裁の対象となる可能性があるため、企業は他の製品市場を含めて徹底したカルテル調査を行う必要がある）。

もちろん国内における企業不祥事一般の早期発見のためにも求められるが、特にリニエンシーおよびアムネスティプラスによる不利益回避の効用が著しい国際カルテル事件においては、不正発見の端緒となる内部通報の奨励は重要である。

内部通報制度充実の第一歩は、徹底した社員研修にある。これは国際カルテル事件にかぎるものではなく、広く企業不祥事の早期発見のために内部通報制度が機能するための前提である。今でも内部通報は「組織の空気を読まない密告制度」と考えている企業もあるかもしれないが、これまで述べたように、リニエンシーおよびアムネスティプラスの活用が求められる時代となれば、この発想は企業にとって命取りになりかねない。まず、経営者自身が社員に通報制度の活用を広く訴えなければならない。

ちなみに、公益通報者保護法は、厳格な要件ではあるものの、（内部への通報によらずして）社員による第三者への不正行為の通報を容認しているので、社員に対して「通報義務」を課すことには制度的に問題は残っている。しかし、ＦＣＰＡや国際カルテル事件が顕在化した場合に被る企業損害の大きさを考えるならば、（たとえ当該不正事実が、公益通報者保護法の対象となる「通報対象事実」に該当する可能性があるとしても）特定の不正事実（もしくはその疑惑）についてのみ、社員に内部通報義務を課すことを検討してもよいのではないだろうか。

そして、（これは不正抑止とも関連するが）社員研修は繰り返し徹底することが求められる。いかに内部通報制度を整備したとしても、「どのような場合に通報すればよいのか」「どれほど確証があれば通報すべきなのか」という点を社員が理解するためには、研修を繰り返す以外に方法はない。企業だけでなく社員自身にも厳しいペナルティが課せられ、収監される可能性を周知させること、役員や管理職、営業系、技術系それぞれの立場に合った形で研修プログラムを作成すること、e-ラーニング等を活用して、最低限度の習得度レベルを均質的に確保することが必要である。このような社員研修が前提となることで、内部通報制度は機能することになる。このように、内部通報制度とリニエンシー制度や研修制度との密接な関連性を考えるならば、国際カルテル事件やＦＣＰＡ事件を専門に取り扱う内部通報窓口を、できれば法務担当部署において設置することも検討されるべきである。

(2) 社内リニエンシー制度の構築

もう1点、内部通報を促進させるための工夫としては、社内リニエンシー制度を採用することが考えられる。一般に、内部通報制度は、自身が見聞した不正事実を通報するという点において、他者による不正を通報することが原則である。自分の関与する不正事実については、就業規則等によって懲戒処分の対象となることから、いかに通報の必要性が高いものであったとしても、社員にとっては、通報を躊躇するのが当然であろう。そこで、競争当局のリニエンシー制度を参考にして、社内リニエンシー制度を構築することを検討すべきである。社員に対して、「自主的に申告すれば懲戒処分を減免すること」を明確に規則化し、たとえ社員自身が不正事実に関与していたとしても、積極的に自己申告することを促す制度である。ちなみに、会社側として、不正事実に関与した社員への処遇については、自主申告したこと（および、その自主申告によって不正事実が判明し、不正の発見や対応が可能となったこと）により懲戒処分を軽減すべきである、と判示した裁判例も出ている（懲戒免職処分取消請求事件　大阪地裁判決　平24年8月29日　判例地方自治361号50頁）。

ただ、社内リニエンシー制度を構築するにあたっては課題もある。懲戒処分を減免するといっても、それを全面的に免除するのか、それとも処分を行うにあたり自主申告したことを考慮する、ということに留めるのかは検討が必要であろう（刑事処分の可能性が残っている中で、社内処分は一切行わないという考え方に社内で納得感が得られるかどうかは難問である）。また、複数の申告者が存在する場合の処遇や、幹部や上司の処分のバランスをどう考えるのか、といった問題にも対処する必要がある。そこで、社内リニエンシー制度を構築したとしても、各企業の置かれた立場によって、かなり柔軟な運用が求められることにならざるを得ないと思料する。この点は多くの企業の運用実績が積み重ねられ、一定の運用指針が共有されることが望ましい。

(3) 内部監査の充実

内部通報制度や社内リニエンシー制度の活用は、社員の自主的な行動によって国際カルテル事件の早期発見を図るものであるが、社内のモニタリング部門に期待がかかるのが内部監査制度である。内部監査による社内調査の重要性は、①定例の監査から非定例の監査へと移行するきっかけとなる「不正の兆候」を発見すること、②「不正の兆候」への効果的・効率的な調査を通じて、不正事実の確証を得ることにある。なお、これは早期発見というよりも不正抑止的効果のためではあるが、③コンプライアンスプログラムの運用チェックについても内部監査の役割があると思われる。

近時、コンプライアンス体制の構築を図るという意味において、各企業とも内部監査を充実する傾向にある。企業不祥事が発生した場合に、自浄能力を発揮することが企業の社会的信用を維持するためには不可欠である。ただ、実際のところ、費用対効果という点からみても、性悪説に立った不正調査を実施することは難しく、あくまでも現場社員の協力のもと、不正抑止型の指導・助言を中心とした監査になりがちである。

しかし、国際カルテル事件については、競争法を取り締まる当局より先に不正の端緒を把握し、その全容を調査することのメリットは大きく、費用対効果の点からみても、不正発見型の社内調査は有益だと思われる。

①不正の兆候の発見

内部監査が行う定例の監査から、いかにして非定例の監査に移行すべき「不正の兆候」を見つけるべきか。これはリスクアプローチの手法によるべきである。国際カルテル事件に巻き込まれるリスクに重点を置くのであれば、価格決定権を有する営業部門や、同業他社との接触が業務上求められる部門に対しては、あらかじめ性悪説に立った内部監査が行われることについても承諾を得た上で、社内ルールの遵守状況、ブラックボックス化（聖域化）した部門の存否、パソコンやサーバーのフォレンジック調査などを定期的に行うべきであろう。特に、企業や経営者の刑事責任に影響を及ぼしかねない書類（電子書類を含む―これらの書類の存否が、後日の刑事裁判において有力な反証資料になることは前述のとおりである）が、常時適切に作成されているかどうかをチェックして、そこに不明瞭な点、あらかじめ定められたルールが無効化されている点等があれば「不正の兆候」として、非定例の深度ある監査に移行することも検討すべきである。

ただ、これは内部監査に相当の資源を投下できる企業を念頭に置いたものであり、独立系の中小規模の企業の場合、または海外事業部門の力が強く、性悪説に立った内部監査が期待できない場合には、実践することに困難が伴うケースが考えられる。そういったケースでは、役職員に対する面談等の方法によって不正の兆候を把握することにならざるを得ない。価格決定権を有する社員や、同業他社と接触する立場にある社員へのヒアリングを通じて、不正の兆候を把握するスキルを磨く必要がある。また、国際カルテル事件が企業に及ぼすリスクの重大性を経営者に認識してもらい、関係者に対して積極的にヒアリングに応じるよう、経営トップから広報してもらうことが望ましい。

②不正事実の全容解明のための調査

不正発見型の内部監査部門が、国際カルテル疑惑（不正の兆候）を発見した際、その兆候の真偽を社内調査によって把握する作業が行われる。当職はＣＦＥ（公認不正検査士）の資格を有する者であり、このような内部監査における社内調査を支援する立場にもあるが、この場面における内部監査部門の実力の差は、企業によって大きく異なることを痛感する。とりわけ国際カルテル事件では、内部監査部門の実力というよりも、これを支援する法務担当部門の実力の差といっても過言ではない。

企業の損害と社員の個人情報取扱とのバランス（人権の問題）、親会社の損害と子会社管理とのバランス（企業集団としての内部統制の問題）、そしてＣＳＲ（ステークホルダーに対する説明責任）など、検討すべき課題が山積する場面であり、関係部署には法的な判断が要求されるところである。しっかりした法務担当者が存在することで、企業や個人のリスクの重大性を認識しながら、社内調査の許容範囲を見定める。必要があれば、社外の専門家も投入する、といった判断が求められる。このあたりは、実際のところは国際カルテル事件に巻き込まれた経験がなければわからないのかもしれないが、特に社内調査の巧拙が、その後の企業や社員のリスクに大きく影響することだけは理解していただきたい。対談の中で、龍が（国際カルテル事件への対応には）能力の高い法務部門の存在、とりわけ国際法務に対応経験の豊富な法務担当者の存在が何より不可欠、と言っているのも、このあたりの有事対応への巧拙がリスク管理の明暗を分けると認識しているからだと思われる。

ただし、以上で述べた不正発見型の内部監査は、まず何よりも内部監査の環境が整備されていることが前提である。内部監査部門の独立性が求められることは当然だが、社長直轄部門として位置づけられている企業も多く、本当に独立して社内監査ができるかどうかは、職務を遂行する環境次第である。経営トップは、競争法コンプライアンスにおいて占める内部監査部門の重要性を認識し、社内のいずれの部門においても、内部監査への協力を惜しまない企業風土の形成に努める必要がある。同じ社内において、ときには性悪説に立った調査手続が行われるかもしれないが、それは企業と社員を不幸にさせないために必要なことであると、すべての社員に理解してもらうための工夫がほしいところである。

③コンプライアンスプログラムの運用チェック

これは早期発見だけでなく、不正予防（不正抑止）についても目的とするものであるが、内部監査によって企業の構築している国際カルテル予防体制が適切に運用されているかどうかをチェックすることも内部監査の役割である。基本的には①で述べた「不正の兆候」の発見を目的とした内部監査の中で精査されるものであるが、リスクと施策との対応関係や文書作成内容、保管方法の適切性などをチェックすることが考えられる。

なお、コンプライアンスプログラムとの関連では、龍との対談の中でも触れられた連邦量刑ガイドラインの2010年委員会採択条項が参考になる（条項の内容は対談の該当箇所を参照されたい）。連邦量刑ガイドライン自体は以前から存在するが、このコンプライアンスプログラムへの詳細な言及部分は2010年に初めて採択されたものである。不幸にして、国際カルテル事件で有罪とされた場合でも、このようなコンプライアンスプログラムを適切に運用していれば量刑が軽減されるというものだが、そういった恩恵の部分よりも、実際にプログラムを運用することが、不正の予防（早期発見）に役立つことの効用にこそ光があてられるべきである。

5　国際カルテルの有事対応

国際カルテル事件で顕在化するリスクについては、第2部2における反トラスト法上の問題点、EC競争法上の問題点で述べられているとおり、きわめて広範な責任発生リスクが挙げられる。解決までには気が遠くなりそうな年月と費用をかけた対応が求められる。このような企業の膨大な損失を、できるだけ抑えるための有事対応としてはどのようなことが考えられるだろうか。

(1)　何よりも先にリニエンシー制度を活用する

有事対応として真っ先に検討すべきは、自主申告の窓口を活用することである。リニエンシー制度の詳細はここでは繰り返さないが、社内調査が不十分な段階であっても、ともかくカルテルに関与している事実が明らかとなり、今後も当局の捜査に協力するつもりであれば、直ちに窓口に不正事実を届けるべきである。ちなみにリニエンシー窓口に情報を提供しておき、その後に詳細に社内調査を行って不正事実を補充することによって順位を保全することも可能であるため、企業としてはとりあえずリニエンシー制度に対して前向きな姿勢を社内外へ示す必要がある。また、情報提供の時点では、完全にカルテル行為を中止していることが必要なので、社内における不正行為が完全に中止されていることを確認しておかねばならない。

(2) 信頼できる弁護士事務所の確保

有事になってからの弁護士事務所の選択の幅はかなり制限されるであろう。例えば顧問の法律事務所の紹介で米国系の法律事務所との接触を図り、そこで米国系事務所主導で事件処理にあたる、というパターンが多いのではないだろうか。

しかし、平時から有事対応を検討する余裕があれば、その選択肢は広がる。例えば米国系の法律事務所が主導して、日本の渉外系事務所が補佐する、逆に日本の渉外系事務所が主導して、これを米国系事務所が補佐する、あるいは米国系事務所のみがすべてを処理し、仲介役として渉外系事務所で経験のある日本人弁護士を防波堤とする、といったところである。

この選択肢の中からどういった選択をするかは、事件の規模や自社における法務担当者のスキル、事件の内容等によって判断が異なるが、将来的に自社の経営陣が証言録取の対象となることが考えられるのであれば、日本の渉外系事務所が主導権を握るか、たとえ米国系事務所が主導権を握るとしても、国際カルテル事件等の経験が豊かな日本人弁護士によるしっかりとしたサポートが不可欠ではないかと考える。特に、日本企業において理解しづらいディスカバリー（証拠開示制度）、フォレンジック、刑事裁判制度における証人適格、司法妨害の厳罰（メール削除や文書隠匿等）といった諸外国の裁判制度への対応は、日本人弁護士によるサポートがなければ取り返しのつかない不利益を企業および経営者個人が背負うことになる。

したがって、国際カルテル事件による企業や経営者個人の不利益を少しでも抑えるためには、専門性に長けた日本人弁護士の徹底したサポートを得られる体制を速やかにとるべきである。

（3）有罪答弁合意への準備

リニエンシーおよびアムネスティプラスが功を奏して、反トラスト法違反における刑事免責が得られた場合であればよいが、残念ながら企業および関係者個人の刑事責任を追及されることが予想される場合には、有罪答弁合意に対する準備が必要である。日本人の感覚からすると、無罪の可能性があるかぎりは裁判で争うべきではないか、との考えが浮かぶ。もちろん、その選択肢もあるだろうが、龍との対談でも語られているとおり、実体法も手続法も異なる欧米法の下で、無罪を勝ち取ることには多くのリスクがある。さらに厄介と思われるのは、たとえ無罪を勝ち取ったとしても、そこまでに費やされる弁護士報酬の大きさである。裁判における勝訴可能性を十分に判断されぬままに、高額なペナルティを支払うことでＤＯＪと有罪答弁を合意することは、果たして日本における株主代表訴訟に耐えうるのか、ということは、確かに問題となりうる。しかし、刑事訴追される以前には勝訴の見込みも不明ではあるが、裁判に費やされる時間と労力と費用を考えるのであれば、制裁金を支払い、捜査に協力する労力と費用は損失を抑えるための合理的な判断であると説明できるケースが多いものと思われる。ただし、高額のペナルティの内容が、たとえばＤＯＪの捜査妨害に基づくものであること（証拠の廃棄や捜査協力への拒否）、コンプライアンスプログラムを整備しておきながら、全く運用されていなかったこと等によるものである場合には、取締役の遵法経営義務違反として責任を問われる余地もあるのではなかろうか。（このあたりは、会社法上の論点としても、今後議論されるべきであろう）。

（４）有事対応としての社内調査

早期発見のための社内調査については前述したが、有事対応としての社内調査も必要である。これは、対談における龍の発言にもあるように、他社のリニエンシーが先行して自社が捜査を受けたとしても、その後別の案件でリニエンシーが認められた場合（あるいは、厳密にはリニエンシーの要件には該当しないが、実質的にＤＯＪに新規な情報提供を行ったとみなされるような場合）には、自社の量刑に有利に働く場合がある。また、他社のリニエンシーが先行した事案であったとしても、申告された不正事実よりもさかのぼって過去の事例について申告をすれば、これも当該不正事実に関する量刑において軽減される事由になり得るのである。したがって、たとえ他社にリニエンシーで先行されたとしても、当局に全面的に協力する姿勢によって社内調査を続行することは、自社の損失をできるだけ低減するための正当な行動であるといえよう。

(5) 第三者委員会の設置

国際カルテル事件で海外当局の捜査が開始され、有罪答弁合意を行った際には、適時開示事由として日本の上場会社は答弁合意の内容等を開示し、業績に対する影響等を公表することになる。そこで、カルテル事件に見舞われた上場会社としては、ステークホルダーに対して何が起こったのか、どうして起こったのか、という点について説明しなければならない。そこで、企業としては第三者委員会を設置して、事態の全容をわかりやすくステークホルダーに説明することも考えられる（ときには、企業自身の説明では、事実関係の説明が信用されないケースも考えられるために、第三者委員会を設置して、独立公正な立場から事実の調査、原因究明、再発防止策を報告してもらうことがある）。

ただ、現在日本で活用されている日弁連ガイドライン（「企業不祥事発生時における第三者委員会ガイドライン」）に準拠した形での第三者委員会は、ガイドラインで示された形のままで調査を進めることは困難ではないかと思われる。

なぜなら、カルテル事件の対象とされている企業や役職員の代理人・弁護人として就任している弁護士に、弁護士秘密特権が付与されているからである。つまり、弁護士と企業、もしくは訴追対象の役職員との関係では、弁護士秘密特権が認められており、そこでコミュニケーションのために形成された文書などは開示の対象から外れることになる。しかし、弁護士が依頼者から聴取した内容を、第三者に開示してしまうと、その秘密特権の範囲から逸脱してしまうことになり、関係者には開示義務が発生してしまうのである。したがって、公正独立な立場で活動する第三者委員会の調査には、企業および弁護士にしてみれば非協力的にならざるを得ない。そこで、日弁連ガイドライン方式に従うものとは言えないが、第三者委員会も、企業のリスク管理を支援する団体であることを文書で弁護士に示すことで、弁護士秘密特権の範囲内の課題であることを示す、等の対策をとらざるを得ない（しかし、そうなると、国内対応においては、果たして第三者委員会による調査と言えるのか、といった疑問も新たに生じてくるところであり、ジレンマに陥るところである。結局のところ、証券取引所や公正取引委員会からの求めに応じて報告書を提出する、社内調査の内容の公正性を担保するための事後的なチェック機関として活用する等、その委員会調査の目的を限定した上で活用する必要があるように思われる）。

(6) 国内における公正取引委員会への対応

カルテル事件の摘発において、各国当局の協力体制が進んでいることは前述のとおりであり、海外カルテル事件に対する海外当局の捜査が進むにあたり、日本の公正取引委員会への対応が課題となる（なお、日本は米国、ＥＵ、カナダとの間において競争法の執行に係る協力協定を締結しており、競争当局間の協力関係の進展を通じて、それぞれの国の競争法の効果的執行に貢献することを目的としている。詳しくは現時点における協力協定の内容を確認されたい)。したがって、欧米の競争法当局へのリニエンシー申告だけでなく、当然のことながら日本国内における公正取引委員会への申告も忘れてはならない。

日本の独禁法を国際的な事案に対して適用する事例もすでに生じており、2008(平成20)年のマリンホース国際カルテル事件や同21年のブラウン管国際カルテル事件等では、日本の公正取引委員会が、欧米諸国やアジア諸国の企業に対して法的措置を課している。日本の公正取引員会による立ち入り捜査が開始された時点では、東証の適時開示が必要とされているため、どこまでを開示するべきか、社内調査の進展にあわせて情報開示の範囲が問題となる。また、記者会見を開くことも検討すべきであり、海外における国際カルテル事件の帰趨をみながら、刑事手続等で不利益を受けることがないように情報開示に臨むことが求められる(このあたりは、法律専門家の意見を聴きながら臨機応変に対応していくべきである)。

(7) 関係者の社内処分等

国際カルテル事件に関与した親会社または子会社の役職員の処分問題についても、有事対応の課題の1つである。重大な法令違反を犯したとはいえ、企業の業績向上に貢献してきたことは否めない。また、みずからの刑事処分によって自由刑に服するリスクを承知の上で、あえて海外での販路拡大のためにカルテル行為に及んだことについて、これを企業としてどう受け止めるかは、役職員らとしても関心をもつところである。

まず処分については、社内リニエンシー制度などがあるにせよ、企業のカルテル行為の禁止という立場を明確にするために、懲戒処分を含め、厳しい処分で臨まなければならないであろう。ただし、対象社員およびその家族の生活保障という面では別途検討すべきではないだろうか（現に、海外当局も、企業が社員に対してどのような処遇を行ったか、という点への関心は薄いように思われる）。カルテルに関与した者は、一定期間は厳しい処分の下に置かれるとしても、復職をはじめ、何らかの地位回復は認められてしかるべきではないだろうか（これはあくまでも筆者個人の考えであり、そのような取扱が一般的、というものではない）。

また、社内における公表については控えるべきである。国際カルテル事件が最終的な終結に向かうには相当の長年月を要する。社内処分が出された後も、捜査協力を含め、事実関係を社内外に公表できない状況は続くものと思われるので、関係者から情報が漏れることはできるだけ避けたいところである。したがって、社員の名誉、不名誉という問題からではなく、企業の損失をできるだけ抑えるためにも、関係者に対する社内処分の公表には消極的な姿勢で臨むべきであろう。

なお、刑事訴追を受けた役職員に課せられる罰金を会社が支払ってもよいのか、という問題もある。この点については、対談の中で龍が述べているとおり、難しい問題が横たわる。単純に個人に課せられた罰金をそのまま企業が支払ったとするのは、やはりステークホルダーに対する説明としては耐えられない可能性がある。やはり外観的には、たとえ高額の罰金刑が社員個人に課せられたとしても、それは企業が貸与する形をとり、毎月の返済金としてその返済条件に格別の配慮をする、退職金支給において、貸与金の性質に配慮をするといったことで、調整を図るしかないと思われる。この点も、早期における司法取引の合理性と同様、企業の経営者としては、外部への説明責任に配慮をしなければならない場面だと思われる。

2

企業経営と反トラスト法・ＥＣ競争法上のコンプライアンスについて

1 本書でお伝えしたいこと

本書をお読みいただいた読者にお伝えしたいことは以下の1点に尽きる。

それは、**「企業経営により継続的に利益を上げたいのであれば、反トラスト法およびEC競争法を遵守する体制を作ること、そのために、人的・物的資源を十分に投入すること」**である。

企業経営は、ともすると、短期的な利潤を最大化すること、売上と利益率を上げることに傾斜し、リスク管理を等閑にしがちである。

しかし、本書で指摘したとおり、反トラスト法およびEC競争法のリスク対応を等閑にしたことによる末路は、利潤を最大化することとは**まったくの正反対の結果**である。

ひとたび、反トラスト法・EC競争法違反が摘発されれば、最終的には、多額の罰金および制裁金の支払い、クラスアクションをはじめとする民事訴訟の泥沼化、そして、貴重な従業員や役員の米国国内での服役といった帰結が招来されるのである。これらは、まさしく、反トラスト法およびEC競争法のリスク対応を等閑にしたことによる結果そのものであり、これほど原因と結果が明々白々な事例も世の中には少ないかもしれない。近年は、これらの帰結に、さらに、日本国内での株主代表訴訟が加わるであろう。

これらすべての帰結に対応するための費用負担および人的資源の浪費は膨大であり、案件の対応中に法務部員や弁護士が過労により休職に追い込まれることもある。ましてや、企業における司令塔である経営者が服役し、その間、陣頭指揮をとることができなくなれば、逸失利益は膨大である。反トラスト法およびＥＣ競争法のリスク管理を怠ることは、利潤の最大化という企業の存在目的に反し、役員としての忠実義務に違反することが明らかであろう。

されぱこそ、本書を通じて、本書の読者の皆様に、ぜひ、お伝えしたいのである。

企業経営により利益を上げたいのであれば、反トラスト法およびＥＣ競争法を遵守するために十分投資をすること、人生には、自社や自分だけは大丈夫だろうなどという楽観論はまったく通用しないことを肝に銘じていただきたい。この世の中では、投資をしないのに利益を得ることは決してないし、なすべき投資を怠れば、その結果は、必ず自分に返ってくるのである。米国の刑務所で他の服役囚と共同生活を開始した後で、反トラスト法およびＥＣ競争法のコンプライアンス徹底を怠ったその判断の過ちを後悔しても遅すぎるのである。米国や欧州市場で利益を上げたいのであれば、米国企業および欧州企業同様、反トラスト法・ＥＣ競争法のコンプライアンス徹底を図ることが必須なのである。

以下、その理由を簡潔にお伝えしたい。

2 問題点はどのようなものか

(1) なぜ「今」対応する必要があるのか

確かに、米国においては、すでに35年前、反トラスト法を遵守することが、ビジネスマンとしての初歩の初歩という常識論が定着していた。

他方で、35年前はもちろんのこと、25年前を思い返してみても、日本国内で、日本の経営者に対して、反トラスト法およびEC競争法のコンプライアンス徹底のために重点投資をすべきであるなどという意見を述べるものは皆無だった。25年前の執行環境では、反トラスト法・EC競争法の問題点は、米国および欧州市場に進出した歴史の古い一部の日本企業に限定されたものであった。

しかし、この25年間で、反トラスト法・EC競争法の執行環境が劇的に変化し、巻末資料1・2でみるとおり、日本企業が次々に摘発され、少なくない日本人の役員・従業員が米国の刑務所に服役しているのである。

なぜ、この25年間で事態が劇的に変わったのか。

その原因・理由は複数ある。

本書において触れたとおり、リニエンシーおよびアムネスティプラスが効果的に機能し、25年前であれば決して摘発できなかった密室のカルテルの摘発が可能になったことがあげられる。やはり、人間というのは、みずからの利益を最大化する方向で行動を選択するものである。カルテルを継続することによる利益と、自主的に申告することで罰金が免除されたり、服役の可能性がなくなる利益を比較検討するという場面に直面した際に、前者よりも後者を選択するものが多いということであろう。同業者との義理を守る、あるいは、村の掟を守るという考え方よりも、人間の欲得や損得勘定が優先するのである。何百年も前から解明されてきた人間の行動パターンが実証される結果となったということである。

また、これも本書中で触れたが、各国の競争当局が頻繁に情報交換するという実務が定着したこともあろう。以前は各国の競争当局が単独でカルテル摘発を進めていたのが、情報交換を通じて協調することになったのだから、摘発可能性は高くなっているといえるだろう。

さらには、電子情報の解析技術が格段に向上したこともあげられる。解析ソフトの機能や使い勝手をとってみても10年前のソフトとは格段の進歩である。単なるキーワード検索に留まらないメール解析の手法や解析結果の視覚化技術の進歩も驚くばかりである。

もっとも、これらの要因は、その影響という観点からいうと小さな要因である。

今日の執行環境をもたらしている最大の要因は、司法省反トラスト局および欧州委員会競争総局のトップが、いずれも、反トラスト法違反・ＥＣ競争法違反、中でもカルテルを徹底的に摘発していくという方針を明確に打ち出していることである。ぜひ、一度、彼らが明らかにしているメッセージをみていただきたい。本気でカルテルを叩きつぶすという彼らの強い意思が伝わってくるメッセージばかりである。企業でいえば代表取締役の明確な業務命令が出ているわけであり、日本企業が次々に摘発され、日本人の従業員が米国の刑務所に服役している現状をもたらした最大の要因はまさにこの点にこそある。

米国市場や欧州市場で活躍する日本企業およびその経営者としては、この環境の変化を明確に認識すべきである。

このような認識をもたずに、日本国内だけで事業を行っているのと同じ感覚で米国市場や欧州市場に進出すると、ほぼ確実に、反トラスト法・ＥＣ競争法で躓き、利潤を最大化することとは**まったくの正反対の結果**に辿りつくことになるのである。

（2）企業経営における問題点の種類と程度

①反トラスト法上の問題点

企業経営における反トラスト法上の問題点、すなわち、法的リスクとは、一言でいうと、コンプライアンスを怠ることで天文学的な金銭的負担が発生し、かつ、経営者や従業員が服役して事業の現場からいなくなるということである。

そこで、まずは、そのリスクがどの程度のものか、簡単にまとめてみたいと思う（**図表1**）。

図表1は、あくまで教科書的な問題点の概要であり、これだけでは実際の問題点の程度を正確

図表１　反トラスト法違反によるリスク

	連邦法	州法
刑事罰（対法人）	シャーマン法に基づき、 • １億ドル以下の罰金（※1）	各州法の定めによる
刑事罰（対個人）	シャーマン法に基づき、 • 100万ドル以下の罰金（※1）もしくは10年以下の禁固刑またはその併科	各州法の定めによる
民事（当局によるもの）	• 司法省および連邦取引委員会による差止請求 • 損害賠償請求 • 排除措置命令 • 民事課徴金	各州法の定めによる
民事（私人によるもの）	• 私人による差止請求 • 損害賠償請求（三倍額賠償請求）	各州法の定めによる

※１　罰金額の上限は、違反行為により得た利益または与えた損害額の２倍まで引き上げ可能

に把握することはできない。これは、実務上、罰金額および服役期間は、米国量刑ガイドラインをもとに算出されることによる。なお、実際のリスクの程度の実例については、巻末**【資料１】**を参照されたい。

　また、これも本書中にて触れたが、反トラスト法対応の難しさは、上記のような教科書的な問題点の概要では予測できないリスクがあることにもある。それは、司法妨害や通信詐欺といった微罪の執行の厳しさに表れている。日本社会の常識を前提に、微罪は執行されないという危険な思い込みをすること自体が落とし穴である。証拠隠滅や証言強制など絶対にあってはならないというのが反トラスト法対応の常識中の常識であるのだが、実際には、このような常識を理解するには日頃からの準備が必要であり、準備が不十分で反トラスト法対応の常識を理解しなかった日本のある事業会社は、証拠隠滅によりその

従業員が起訴されるに至っている。

なお、反トラスト法違反の犯罪の公訴時効は5年であり、時効の起算点は合意の締結時ではなく、実行行為終了時であるのだが、公訴時効は、対象となる個人が米国国外にいる場合には停止し、いつまででも、どこまででも、捜査機関に追われ続けることになる。ごく直近の事例であるが、イタリアの石油輸送用ホースメーカーの元幹部が米国の要請でドイツから引き渡され、２０１４年４月24日、禁固２年、罰金５万ドルを科せられたのは記憶に新しい。日本でも犯罪人引渡条約に基づき同様の事態が発生する可能性はある。なお、連邦大陪審により起訴され、米国にて服役した場合には、その後、15年間、米国国内に入国することができない。このような事態を踏まえると、本書中でも触れたが、連邦大陪審により起訴されながら日本国内に留まるという選択肢はほぼないといってよいのではないか。

上記で概観したような問題点が、あくまで、理屈の上の問題点であれば、企業経営において払うべき注意もその限度のもので足りる。しかし、上記の問題点が、どの日本企業にでも発生して直面することになる、現実の問題点であることは本書中において触れ、巻末**【資料１】**において概観するとおりである。

②ＥＣ競争法上の問題点

ＥＣ競争法に違反した場合の問題点、すなわち、法的リスクも同様に以下に簡単にまとめてみたいと思う（**図表２**）。

図表２　ＥＣ競争法違反によるリスク

	欧州連合の機能に関する条約	加盟国法
行政罰（対法人のみ）	欧州委員会による ・制裁金（上限は、グループの世界規模での年間売上の10%） ・排除措置命令	・制裁金 ・排除措置命令
刑事罰	なし	アイルランド、イギリス、フランス、ドイツなど国内法での刑事罰導入が進んでいる
民事	なし	被害者による損害賠償請求

図表2もまた教科書的な説明であり、ＥＣ競争法を遵守しないことで、一体、いくら会社の貴重な財源が失われることになるのか、正確には把握できないが、まずは、巻末**【資料2】**の実例を参照されたい。ＥＣ競争法違反がどれだけ会社の事業に影響するのか、その概要を把握できる。

これらは、会社の必要経費になどならない。純粋に真水のキャッシュが失われるのである。

なお、制裁金の具体的な算出方法については、ガイドラインにおいて規定されている。

本書では詳述を避けるが、ガイドラインが定める制裁金の算定方法の概略は、関連する製品・サービスの売上額に一定の割合および違反の年数を乗じた額と個々の違反行為の長短とは関係しない額を合算した基礎額に各種の増減要素に基づく増減をなし、制裁金を算定するというものである。ガイドラインでは、違反行為認定後に、当該事業者が同一の違反を継続しまたは類似の違反を繰り返した場合には、基準額は、立証された違反ごとに１００パーセントまで増加できることになっている。また、本書中で詳しく触れたが、欧州委員会は徹底した書面主義・形式主義の役所である。そのため、証拠となる書面を廃棄するなど、まったくもってあり得ないことであり、ガイドラインでも、欧州委員会による検査への協力を拒絶したり、証拠隠滅などの検査妨害をしたり、違反における主導的役割または扇動的役割を果たしていたと認定される場合にも基準額が増加され得ることとされている。詳しくは触れないが、ビデオテープカルテルにおいて、証拠隠滅などの検査妨害を理由として、ある事業会社に対する制裁金額が増額されたことは記憶に新しいところである。

欧州委員会の日本企業に対する執行というのは25年前にはなかった常識論である。しかし、25年前の常識論がもはや妥当しないことは、**巻末【資料2】**に記載した案件をはじめとする数々の実際の案件が雄弁に語っている。

3 どのように問題点を解決すればよいのか

これまで概観した問題点、平たく申し上げればリスクを回避するために何をどうすればよいのか。

端的に申し上げると、経営者が決意をもって、反トラスト法およびＥＣ競争法を遵守する体制を作ること、そのために、人的・物的資源を十分に投入することである。

本書を手にとってこの文章に目を通しているであろう器量のある経営者にはきっと理解いただけるものと確信しているが、この世の中では、絶対に成し遂げるという明確な目標をもたないかぎり達成できることは何もないし、何かを達成したいのであれば、それに見合う投資を必ずしなければならないのである。決して惰性で事業経営をしてはならないのである。また、投資もせずに何かを得ようとすれば、必ず、痛い代償を払うことになる、それが経済社会での鉄則である。具体的な方法論やテクニックの類はすでに多くの専門書で語られているところであり、本書でも内部統制という視点からその概要を紹介しているので、ここでは、繰り返し述べない。

反トラスト法および競争法を遵守する体制を作ることを企業経営の中核に据える決心をしたら、ぜひ、何度でも本書に立ち返ってその方法論を検討していただきたい。

しかし、真に重要なことは、企業経営により継続的に利益を上げたい、企業の存在意義である利潤の最大化を全うしたいと考えるのであれば、絶対に、反トラスト法違反で自分は服役しないし、自社の貴重な人材を服役する目にあわせることはしない、罰金および制裁金で多額の金銭を支出して株主や一般投資家に迷惑をかけることはしないことを企業経営の中核に据えることである。そして、これを企業経営の中核に据えたら、これを実現するための手段を考案し、この手段を実行していくために十分な投資をすることである。

本書を読んでいただいている読者の方であればその必要性に必ず気がついていただけるはずである。

【資料１】～【資料４】は、後ろからご覧ください（227～206頁）。

tion in, condonation of, or willful ignorance of criminal conduct by such management is increasingly a breach of trust or abuse of position. Third, as organizations increase in size, the risk of criminal conduct beyond that reflected in the instant offense also increases whenever management's tolerance of that offense is pervasive. Because of the continuum of sizes of organizations and professionalization of management, subsection (b) gradually increases the culpability score based upon the size of the organization and the level and extent of the substantial authority personnel involvement.

gations to the governing authority or an appropriate subgroup thereof (e.g., an audit committee of the board of directors);

(ii) the compliance and ethics program detected the offense before discovery outside the organization or before such discovery was reasonably likely;

(iii) the organization promptly reported the offense to appropriate governmental authorities; and

(iv) no individual with operational responsibility for the compliance and ethics program participated in, condoned, or was willfully ignorant of the offense.

Commentary

Application Notes:

10. Subsection (f)(2) contemplates that the organization will be allowed a reasonable period of time to conduct an internal investigation. In addition, no reporting is required by subsection (f)(2) or (f)(3)(C)(iii) if the organization reasonably concluded, based on the information then available, that no offense had been committed.

11. For purposes of subsection (f)(3)(C)(i), an individual has "direct reporting obligations" to the governing authority or an appropriate subgroup thereof if the individual has express authority to communicate personally to the governing authority or appropriate subgroup thereof (A) promptly on any matter involving criminal conduct or potential criminal conduct, and (B) no less than annually on the implementation and effectiveness of the compliance and ethics program.

12. "Appropriate governmental authorities," as used in subsections (f) and (g)(1), means the federal or state law enforcement, regulatory, or program officials having jurisdiction over such matter. To qualify for a reduction under subsection (g)(1), the report to appropriate governmental authorities must be made under the direction of the organization.

Background: The increased culpability scores under subsection (b) are based on three interrelated principles. First, an organization is more culpable when individuals who manage the organization or who have substantial discretion in acting for the organization participate in, condone, or are willfully ignorant of criminal conduct. Second, as organizations become larger and their managements become more professional, participa-

【資料4】連邦量刑ガイドライン §8C2.5.

CHAPTER EIGHT - SENTENCING OF ORGANIZATIONS

PART C - FINES

2. DETERMINING THE FINE - OTHER ORGANIZATIONS

§8C2.5. Culpability Score

(f) Effective Compliance and Ethics Program

(1) If the offense occurred even though the organization had in place at the time of the offense an effective compliance and ethics program, as provided in §8B2.1 (Effective Compliance and Ethics Program), subtract 3 points.

(2) Subsection (f)(1) shall not apply if, after becoming aware of an offense, the organization unreasonably delayed reporting the offense to appropriate governmental authorities.

(3) (A) Except as provided in subparagraphs (B) and (C),subsection (f)(1) shall not apply if an individual within high-level personnel of the organization, a person within high-level personnel of the unit of the organization within which the offense was committed where the unit had 200 or more employees, or an individual described in §8B2.1(b)(2)(B) or (C),participated in, condoned, or was willfully ignorant of the offense.

(B) There is a rebuttable presumption, for purposes of subsection (f)(1),that the organization did not have an effective compliance and ethics program if an individual—

(i) within high-level personnel of a small organization; or

(ii) within substantial authority personnel, but not within high-level personnel, of any organization, participated in, condoned, or was willfully ignorant of, the offense.

(C) Subparagraphs (A) and (B) shall not apply if—

(i) the individual or individuals with operational responsibility for the compliance and ethics program (see §8B2.1(b)(2)(C)) have direct reporting obli-

(ii) The likelihood that certain criminal conduct may occur because of the nature of the organization's business. If, because of the nature of an organization's business, there is a substantial risk that certain types of criminal conduct may occur, the organization shall take reasonable steps to prevent and detect that type of criminal conduct. For example, an organization that, due to the nature of its business, employs sales personnel who have flexibility to set prices shall establish standards and procedures designed to prevent and detect price-fixing. An organization that, due to the nature of its business, employs sales personnel who have flexibility to represent the material characteristics of a product shall establish standards and procedures designed to prevent and detect fraud.

(iii) The prior history of the organization. The prior history of an organization may indicate types of criminal conduct that it shall take actions to prevent and detect.

(B) Prioritize periodically, as appropriate, the actions taken pursuant to any requirement set forth in subsection (b),in order to focus on preventing and detecting the criminal conduct identified under subparagraph (A) of this note as most serious, and most likely, to occur.

(C) Modify, as appropriate, the actions taken pursuant to any requirement set forth in subsection (b) to reduce the risk of criminal conduct identified under subparagraph (A) of this note as most serious, and most likely, to occur.

Background: This section sets forth the requirements for an effective compliance and ethics program. This section responds to section 805(a)(2)(5) of the Sarbanes-Oxley Act of 2002, Public Law 107–204, which directed the Commission to review and amend, as appropriate, the guidelines and related policy statements to ensure that the guidelines that apply to organizations in this chapter "are sufficient to deter and punish organizational criminal misconduct."

The requirements set forth in this guideline are intended to achieve reasonable prevention and detection of criminal conduct for which the organization would be vicariously liable. The prior diligence of an organization in seeking to prevent and detect criminal conduct has a direct bearing on the appropriate penalties and probation terms for the organization if it is convicted and sentenced for a criminal offense.

sonnel and substantial authority personnel of the organization will perform their assigned duties in a manner consistent with the exercise of due diligence and the promotion of an organizational culture that encourages ethical conduct and a commitment to compliance with the law under subsection (a). With respect to the hiring or promotion of such individuals, an organization shall consider the relatedness of the individual's illegal activities and other misconduct (i.e., other conduct inconsistent with an effective compliance and ethics program) to the specific responsibilities the individual is anticipated to be assigned and other factors such as: (i) the recency of the individual's illegal activities and other misconduct; and (ii) whether the individual has engaged in other such illegal activities and other such misconduct.

5. Application of Subsection (b)(6).—Adequate discipline of individuals responsible for an offense is a necessary component of enforcement; however, the form of discipline that will be appropriate will be case specific.

6. Application of Subsection (b)(7).—Subsection (b)(7) has two aspects.

First, the organization should respond appropriately to the criminal conduct. The organization should take reasonable steps, as warranted under the circumstances, to remedy the harm resulting from the criminal conduct. These steps may include, where appropriate, providing restitution to identifiable victims, as well as other forms of remediation. Other reasonable steps to respond appropriately to the criminal conduct may include self-reporting and cooperation with authorities.

Second, the organization should act appropriately to prevent further similar criminal conduct, including assessing the compliance and ethics program and making modifications necessary to ensure the program is effective. The steps taken should be consistent with subsections (b)(5) and (c) and may include the use of an outside professional advisor to ensure adequate assessment and implementation of any modifications.

7. Application of Subsection (c).—To meet the requirements of subsection (c), an organization shall:

(A) Assess periodically the risk that criminal conduct will occur, including assessing the following:

(i) The nature and seriousness of such criminal conduct.

zation may meet the requirements of this guideline include the following: (I) the governing authority's discharge of its responsibility for oversight of the compliance and ethics program by directly managing the organization's compliance and ethics efforts; (II) training employees through informal staff meetings, and monitoring through regular "walk-arounds" or continuous observation while managing the organization; (III) using available personnel, rather than employing separate staff, to carry out the compliance and ethics program; and (IV) modeling its own compliance and ethics program on existing, well-regarded compliance and ethics programs and best practices of other similar organizations.

(D) Recurrence of Similar Misconduct.—Recurrence of similar misconduct creates doubt regarding whether the organization took reasonable steps to meet the requirements of this guideline. For purposes of this subparagraph, "similar misconduct" has the meaning given that term in the Commentary to §8A1.2 (Application Instructions - Organizations).

3. Application of Subsection (b)(2).—High-level personnel and substantial authority personnel of the organization shall be knowledgeable about the content and operation of the compliance and ethics program, shall perform their assigned duties consistent with the exercise of due diligence, and shall promote an organizational culture that encourages ethical conduct and a commitment to compliance with the law.

If the specific individual(s) assigned overall responsibility for the compliance and ethics program does not have day-to-day operational responsibility for the program, then the individual(s) with day-to-day operational responsibility for the program typically should, no less than annually, give the governing authority or an appropriate subgroup thereof information on the implementation and effectiveness of the compliance and ethics program.

4. Application of Subsection (b)(3).—

(A) Consistency with Other Law.—Nothing in subsection (b)(3) is intended to require conduct inconsistent with any Federal, State, or local law, including any law governing employment or hiring practices.

(B) Implementation.—In implementing subsection (b)(3),the organization shall hire and promote individuals so as to ensure that all individuals within the high-level per-

2. *Factors to Consider in Meeting Requirements of this Guideline.*—

(A) In General.—Each of the requirements set forth in this guideline shall be met by an organization; however, in determining what specific actions are necessary to meet those requirements, factors that shall be considered include: (i) applicable industry practice or the standards called for by any applicable governmental regulation; (ii) the size of the organization; and (iii) similar misconduct.

(B) Applicable Governmental Regulation and Industry Practice.—An organization's failure to incorporate and follow applicable industry practice or the standards called for by any applicable governmental regulation weighs against a finding of an effective compliance and ethics program.

(C) The Size of the Organization.—

(i) In General.—The formality and scope of actions that an organization shall take to meet the requirements of this guideline, including the necessary features of the organization's standards and procedures, depend on the size of the organization.

(ii) Large Organizations.—A large organization generally shall devote more formal operations and greater resources in meeting the requirements of this guideline than shall a small organization. As appropriate, a large organization should encourage small organizations (especially those that have, or seek to have, a business relationship with the large organization) to implement effective compliance and ethics programs.

(iii) Small Organizations.—In meeting the requirements of this guideline, small organizations shall demonstrate the same degree of commitment to ethical conduct and compliance with the law as large organizations. However, a small organization may meet the requirements of this guideline with less formality and fewer resources than would be expected of large organizations. In appropriate circumstances, reliance on existing resources and simple systems can demonstrate a degree of commitment that, for a large organization, would only be demonstrated through more formally planned and implemented systems.

Examples of the informality and use of fewer resources with which a small organi-

for anonymity or confidentiality, whereby the organization's employees and agents may report or seek guidance regarding potential or actual criminal conduct without fear of retaliation.

(6) The organization's compliance and ethics program shall be promoted and enforced consistently throughout the organization through (A) appropriate incentives to perform in accordance with the compliance and ethics program; and (B) appropriate disciplinary measures for engaging in criminal conduct and for failing to take reasonable steps to prevent or detect criminal conduct.

(7) After criminal conduct has been detected, the organization shall take reasonable steps to respond appropriately to the criminal conduct and to prevent further similar criminal conduct, including making any necessary modifications to the organization's compliance and ethics program.

(c) In implementing subsection (b),the organization shall periodically assess the risk of criminal conduct and shall take appropriate steps to design, implement, or modify each requirement set forth in subsection (b) to reduce the risk of criminal conduct identified through this process.

Commentary

Application Notes:

1. Definitions.—For purposes of this guideline:

"Compliance and ethics program" means a program designed to prevent and detect criminal conduct.

"Governing authority" means the (A) the Board of Directors; or (B) if the organization does not have a Board of Directors, the highest-level governing body of the organization.

"High-level personnel of the organization" and "substantial authority personnel" have the meaning given those terms in the Commentary to §8A1.2 (Application Instructions - Organizations).

"Standards and procedures" means standards of conduct and internal controls that are reasonably capable of reducing the likelihood of criminal conduct.

overall responsibility for the compliance and ethics program.

(C) Specific individual(s) within the organization shall be delegated day-to-day operational responsibility for the compliance and ethics program. Individual(s) with operational responsibility shall report periodically to high-level personnel and, as appropriate, to the governing authority, or an appropriate subgroup of the governing authority, on the effectiveness of the compliance and ethics program. To carry out such operational responsibility, such individual(s) shall be given adequate resources, appropriate authority, and direct access to the governing authority or an appropriate subgroup of the governing authority.

(3) The organization shall use reasonable efforts not to include within the substantial authority personnel of the organization any individual whom the organization knew, or should have known through the exercise of due diligence, has engaged in illegal activities or other conduct inconsistent with an effective compliance and ethics program.

(4) (A) The organization shall take reasonable steps to communicate periodically and in a practical manner its standards and procedures, and other aspects of the compliance and ethics program, to the individuals referred to in subparagraph (B) by conducting effective training programs and otherwise disseminating information appropriate to such individuals' respective roles and responsibilities.

(B) The individuals referred to in subparagraph (A) are the members of the governing authority, high-level personnel, substantial authority personnel, the organization's employees, and, as appropriate, the organization's agents.

(5) The organization shall take reasonable steps—

(A) to ensure that the organization's compliance and ethics program is followed, including monitoring and auditing to detect criminal conduct;

(B) to evaluate periodically the effectiveness of the organization's compliance and ethics program; and

(C) to have and publicize a system, which may include mechanisms that allow

【資料3】連邦量刑ガイドライン §8B2.1.

CHAPTER EIGHT - SENTENCING OF ORGANIZATIONS
PART B - REMEDYING HARM FROM CRIMINAL CONDUCT, AND EFFECTIVE COMPLIANCE AND ETHICS PROGRAM
2. EFFECTIVE COMPLIANCE AND ETHICS PROGRAM

§8B2.1. Effective Compliance and Ethics Program

(a) To have an effective compliance and ethics program, for purposes of subsection (f) of §8C2.5 (Culpability Score) and subsection (b)(1) of §8D1.4 (Recommended Conditions of Probation - Organizations),an organization shall—

(1) exercise due diligence to prevent and detect criminal conduct; and

(2) otherwise promote an organizational culture that encourages ethical conduct and a commitment to compliance with the law.

Such compliance and ethics program shall be reasonably designed, implemented, and enforced so that the program is generally effective in preventing and detecting criminal conduct. The failure to prevent or detect the instant offense does not necessarily mean that the program is not generally effective in preventing and detecting criminal conduct.

(b) Due diligence and the promotion of an organizational culture that encourages ethical conduct and a commitment to compliance with the law within the meaning of subsection (a) minimally require the following:

(1) The organization shall establish standards and procedures to prevent and detect criminal conduct.

(2) (A) The organization's governing authority shall be knowledgeable about the content and operation of the compliance and ethics program and shall exercise reasonable oversight with respect to the implementation and effectiveness of the compliance and ethics program.

(B) High-level personnel of the organization shall ensure that the organization has an effective compliance and ethics program, as described in this guideline. Specific individual(s) within high-level personnel shall be assigned

企業名または個人名	違反行為が行われた時期	関連市場	公表の時期等	制裁金等
高電圧ケーブル				
ビスキャス（㈱フジクラと古河電気工業㈱の共同出資会社、両社と連帯責任）	1999年～2009年1月	欧州経済領域内における（実行行為は全世界）、高圧地下・海底ケーブル、および関連製品販売	2014年4月2日	3499万2000ユーロ
古河電気工業㈱	・顧客および地域分割 ・カルテル行為がなされた当時にPrysmianの親会社であったことから、Goldman Sachsも連帯責任を負担 ・カルテル会議のノートには「It would be tough unless the pie for each company increases and the merits exceed the risk of having cartel」との記載がある			885万8000ユーロ
㈱フジクラ				815万2000ユーロ
ジェイパワーシステム（当初住友電気工業㈱と日立電線商事㈱の共同出資会社、両社と連帯責任）				2074万1000ユーロ（リニエンシー：45％減額）
住友電気工業㈱				263万0000ユーロ（リニエンシー：45％減額）
日立電線商事㈱				234万6000ユーロ（リニエンシー：45％減額）
エクシム（昭和電線ホールディングス㈱と三菱電線工業㈱の共同出資会社、両社と連帯責任）				655万1000ユーロ
昭和電線ホールディングス㈱				84万4000ユーロ
三菱電線工業㈱				75万ユーロ

<table>
<tr><th>企業名または個人名</th><th>違反行為が行われた時期</th><th>関連市場</th><th>公表の時期等</th><th>制裁金等</th></tr>
<tr><td colspan="5">ワイヤーハーネス</td></tr>
<tr><td>矢崎総業㈱</td><td>・トヨタ向け（2000年3月6日～2009年8月5日）
・ホンダ向け（2001年3月5日～2009年9月7日）
・日産向け（2006年9月14日～2006年11月16日）</td><td rowspan="3">欧州経済域内等に所在する自動車製造者に対して販売される自動車用ワイヤーハーネスおよび関連部品</td><td rowspan="3">2013年7月10日</td><td>1億2534万1000ユーロ
（和解手続：10%減額）</td></tr>
<tr><td>㈱フジクラ</td><td>・トヨタ向け（2000年3月6日～2009年8月5日）
・ホンダ向け（2001年3月5日～2009年9月7日）</td><td>401万5000ユーロ
（リニエンシー：一部減額）</td></tr>
<tr><td>住友電気工業㈱</td><td>・トヨタ向け（2000年3月6日～2009年8月5日）
・ホンダ向け（2001年3月5日～2009年9月7日）
・日産向け（2006年9月14日～2006年11月16日）
・ルノーⅠ（2004年9月28日～2006年3月13日）
・ルノーⅡ（2009年3月5日～2009年12月22日）</td><td>0ユーロ
（リニエンシー：制裁金免除）</td></tr>
<tr><td colspan="5">ベアリング</td></tr>
<tr><td>NTN㈱
(French subsidiary NTN-SNR)</td><td>2004年4月～2011年7月</td><td rowspan="4">欧州経済領域内における乗用車およびトラック向けベアリング販売</td><td rowspan="4">2014年3月19日</td><td>2億135万4000ユーロ
（和解手続：10%減額）</td></tr>
<tr><td>㈱NFC</td><td rowspan="3">・鋼材価格の値上げに際しての価格転嫁（価格協定）のための情報交換活動。
・Annualprice reduction要請の際の情報交換活動。
・steel or meeting club meetingにおいて情報交換に従事。</td><td>395万6000ユーロ
（和解手続：10%減額）</td></tr>
<tr><td>日本精工㈱
(NSK)</td><td>2億135万4000ユーロ
（和解手続：10%減額）</td></tr>
<tr><td>㈱ジェイテクト
(JTEKT)</td><td>0ユーロ
（8603万7000ユーロ）
（リニエンシー：制裁金免除）</td></tr>
</table>

企業名または個人名	違反行為が行われた時期	関連市場	公表の時期等	制裁金等
DRAM事件				
エルピーダメモリ㈱、日本電気㈱（NEC）、㈱日立製作所（連帯）	1998年7月1日から2002年6月15日まで	EEAにおける、パソコンまたはサーバーのOEMメーカーに対するDRAM	2010年05月19日	849万6000ユーロ（リニエンシー：18%減額、和解手続：10%減額）
NEC、㈱日立製作所（JV期間中につき連帯して）				212万4000ユーロ（和解手続：10%減額）
日本電気㈱（NEC）（JV前）				1029万6000ユーロ（リニエンシー：18%減額、和解手続：10%減額）
㈱日立製作所（JV前）				2041万2000ユーロ（和解手続：10%減額）
㈱東芝				1764万1800ユーロ（和解手続：10%減額）
三菱電機㈱				1660万5000 ユーロ（和解手続：10%減額）
欧州経済領域（EEA）内の貨物サービス				
日本航空㈱	1999年12月から2006年2月14日	EEA内における、貨物サービス	2010年11月9日	3570万ユーロ（リニエンシー：25%減額）
変圧器メーカー市場分割カルテル				
富士電機㈱	1999年から2003年まで	EEA内における、電力の変圧器	2009年10月7日	173万4000ユーロ（リニエンシー：25%減額）
㈱日立製作所				246万ユーロ（リニエンシー外：18%減額）
㈱東芝				1320万ユーロ

【資料2】欧州委員会における近年の日本企業に対する主な摘発事例

企業名または個人名	違反行為が行われた時期	関連市場	公表の時期等	制裁金等
ブラウン管ガラス事件				
旭硝子㈱	1999年2月23日から2004年12月27日まで	EEAにおける、テレビおよびパソコン用ブラウン管ガラス	2011年10月19日	4513万5000ユーロ（和解手続：10%減額）
日本電気硝子㈱				4320万ユーロ（リニエンシー：50%減額、和解手続：10%減額）
ブラウン管カルテル				
㈱東芝	1996年から2006年まで	EEAにおける、テレビのカラー画像ブラウン管	2012年5月12日	2804万8000ユーロ
パナソニック㈱	1996年から2006年まで		2012年5月12日	1億5747万8000ユーロ
パナソニック㈱、㈱東芝およびＭＴ映像ディスプレイ㈱（連帯）	1996年から2006年まで		2012年5月12日	8673万8000ユーロ
パナソニック㈱およびＭＴ映像ディスプレイ㈱の（連帯）	1996年から2006年まで		2012年5月12日	788万5000ユーロ
ガス絶縁装置				
㈱東芝	1988年4月15日から2004年5月11日	ガス絶縁開閉装置	2011年7月11日	7481万7000ユーロ（再決定）
三菱電機㈱	1988年4月15日から2004年5月11日		2012年6月27日	5679万3000ユーロ（再決定）
三菱東芝連帯	1988年4月15日から2004年5月11日		2012年6月27日	465万ユーロ（再決定）
富士電機㈱	1988年4月15日から2004年5月11日		2011年7月12日	240万ユーロから220万ユーロに減額（欧州司法裁判所）
㈱日立製作所	1988年4月15日から2004年5月11日		2011年7月12日	5040万ユーロのまま減額なし（欧州司法裁判所）
冷却コンプレッサー				
パナソニック㈱	2004年4月から2006年10月（パナソニックは2006年11月15日）まで	EEAにおける、家庭用および商業用の冷却コンプレッサー	2011年12月7日	766万8000ユーロ（リニエンシー：40%減額、和解手続：10%減額）

企業名または個人名	違反行為が行われた時期	関連市場	公表の時期等	罰金または懲役
小糸製作所㈱	HID:遅くとも1998年7月から早くとも2010年2月まで 自動車用電球付属部品：遅くとも1997年6月から早くとも2001年7月まで	米国内および他地域の自動車メーカー向けHIDランプおよび電球付属部品	2014年1月16日	5660万米ドル
自動車用電子スロットルボデー				
愛三工業	遅くとも2003年10月から早くとも2010年2月まで	遅くとも2003年10月～2010年2月の間に、エンジンの出力を調整する電子スロットルボディーと呼ばれる製品で他社と価格カルテルを結び、日産自動車などに高値で販売した価格協定	2014年2月3日	686万ドル
パワーステアリング部品				
㈱ショーワ	遅くとも2007年から早くとも2012年9月まで	ホンダ向けピニオンアシストタイプ電動パワーステアリング製品	2014年4月23日	1990万ドル（2014年6月10日に連邦地方裁判所にて有罪答弁手続。判決期日は2014年10月7日。）

企業名または個人名	違反行為が行われた時期	関連市場	公表の時期等	罰金または懲役
イグニッションコイル				
ダイヤモンド電機㈱	遅くとも2003年7月から早くとも2010年2月まで	米国その他の地域で生産されるフォード、トヨタ、富士重工向けイグニッションコイル	2013年7月16日	1900万ドル（米司法省との司法取引に同意、1900万ドルの罰金支払い（5年分割支払）に応じた）
ダイヤモンド電機㈱ 前社長	遅くとも2003年7月から早くとも2010年2月まで	米国その他の地域で生産されるフォード、トヨタ、富士重工向けイグニッションコイル	2014年1月31日	禁固16ヶ月 5000ドル （前社長は16カ月、前副社長は13カ月の禁錮刑が科される。社内調査の結果、両名は引責辞任。）
ダイヤモンド電機㈱ 前副社長	遅くとも2003年7月から早くとも2010年2月まで	米国その他の地域で生産されるフォード、トヨタ、富士重工向けイグニッションコイル	2014年1月31日	禁固13ヶ月 5000ドル
シートベルト等				
Autoliv Inc. 役員	遅くとも2008年5月から早くとも2011年2月まで	トヨタ向けシートベルト	2013年7月16日	禁固1年1日 2万ドル
タカタ㈱	遅くとも2003年1月1日から早くとも2011年2月まで	北米およびその他の地域のトヨタ、日産、ホンダ、スバル、マツダ向けシートベルトの受注調整および価格協定	2013年10月9日	7130万ドル （Gary Walkerは禁固14ヶ月〈2013年9月26日〉）
タカタ㈱ 社員	遅くとも2006年1月から早くとも2011年2月まで	北米およびその他の地域のトヨタ、日産、ホンダ、スバル、マツダ向けシートベルトの受注調整および価格協定	2013年11月21日	禁固19ヶ月 2万ドル
タカタ㈱ 社員	遅くとも2006年1月から2011年2月まで	北米およびその他の地域のトヨタ、日産、ホンダ、スバル、マツダ向けシートベルトの受注調整および価格協定	2013年11月21日	禁固16ヶ月 2万ドル
タカタ㈱ 社員	遅くとも2004年1月から早くとも2010年2月まで	北米およびその他の地域のトヨタ、日産、ホンダ、スバル、マツダ向けシートベルトの受注調整および価格協定	2013年11月21日	禁固1年1日 2万ドル
タカタ㈱ 社員	遅くとも2005年9月から早くとも2009年6月まで	北米およびその他の地域のトヨタ、日産、ホンダ、スバル、マツダ向けシートベルトの受注調整および価格協定	2014年6月5日	公判請求
自動車HIDランプ用バラスト				
スタンレー電気㈱	遅くとも1998年7月から早くとも2010年2月まで	米国内および他地域の自動車メーカー向けHIDランプ	2013年11月27日	144万ドル

企業名または個人名	違反行為が行われた時期	関連市場	公表の時期等	罰金または懲役
東洋ゴム工業㈱	1. 遅くとも1996年3月から早くとも2012年5月頃まで 2. 遅くとも2006年1月から早くとも2010年9月まで	1. 北米のトヨタ、日産、スバル向け防振ゴム 2. GKNの米国法人向けCVジョイント	2013年11月26日	1億2000万ドル
東洋ゴム工業㈱社員	遅くとも1996年3月から早くとも2008年12月まで	トヨタ自動車、北米トヨタ自動車エンジニアリングおよび関連会社向け防振ゴム	2013年11月21日	公判請求
東洋ゴム工業㈱社員	遅くとも1996年3月から早くとも2008年12月まで	トヨタ自動車、北米トヨタ自動車エンジニアリングおよび関連会社向け防振ゴム	2013年11月21日	公判請求
㈱ブリジストン	遅くとも2001年1月から早くとも2008年12月頃まで	北米およびその他の地域向け、トヨタ自動車、日産、スズキ、富士重工、いすゞおよびこれらの関連会社向け防振ゴム	2014年2月13日	4億2500万ドル
自動車用スイッチ等				
パナソニック㈱	1. 遅くとも2003年9月から早くとも2010年2月まで 2. [N/A] 3. 遅くとも1998年7月頃から遅くとも早くとも2010年2月まで	1. トヨタおよび北米トヨタエンジニア＆マニュファクチャーリング向け、ステアリングスイッチ、ターンスイッチ、ワイパースイッチ、コンビネーションスイッチ、ドアスイッチ 2. トヨタおよび北米トヨタエンジニア＆マニュファクチャーリング向けステアリング角度センサー 3. ホンダ、ホンダ・アメリカ、マツダ、マツダ・アメリカ、日産、北米日産向け高圧水銀ランプ 自動車用スイッチ、ステアリング角度センサー、高圧水銀ランプ	2013年7月18日	4580万ドル
パナソニック㈱社員	遅くとも2004年1月から早くとも2010年2月まで	トヨタ向けスイッチおよびステアリング角度センサー	2013年9月24日	公判請求
燃料電池等				
三洋電機㈱	2007年4月から早くとも2008年9月まで	ノートPC用円筒型リチオムイオン電池	2013年7月18日	1073万1000ドル

企業名または個人名	違反行為が行われた時期	関連市場	公表の時期等	罰金または懲役
スターター、オルタネーター、イグニッションコイル他自動車部品				
日立オートモーティブシステムズ㈱	遅くとも2000年1月から早くとも2010年2月頃まで	フォード、ジェネラルモーター、ホンダ、日産、トヨタ向け、スターターモーター、オルタネーター、エアフローメーター、バルブタイミング装置、燃料噴射装置、電子スロット、イグニッションコイル、インヴァーターおよびモータージェネレーター	2013年9月26日	1億9500万ドル
三菱電機㈱	遅くとも2000年1月から早くとも2010年2月頃まで	フォード、クライスラー、ジェネラルモーター、ホンダ、富士重工、日産、スターターモーター、オルタネーター、イグニッションコイル	2013年9月26日	1億9000万ドル
㈱ミツバ	遅くとも2000年1月から早くとも2010年2月頃まで	クライスラー、富士重工、ホンダ、日産、トヨタ向け、ウインドシールドウォッシャーおよび関連部品、ワイパーおよび関連部品、スターター、パワーウインドーモーター、ファンモーター	2013年9月26日	1億3500万ドル（司法妨害についても起訴の対象）
三菱重工㈱	遅くとも2001年1月から早くとも2010年2月頃まで	ジェネラルモーター、三菱自動車向け、コンプレッサーおよびコンデンサー	2013年9月26日	1450万ドル
ティラド㈱	遅くとも2002年11月から早くとも2010年2月頃まで	トヨタおよびホンダ向けラジエーター、トヨタ向けATFウォーマー	2013年9月26日	1375万ドル
ヴァレオジャパン㈱	遅くとも2006年4月から早くとも2010年2月頃まで	北米日産、スズキ、富士重工向けエアコン装置	2013年9月26日	1360万ドル
ジェイテクト㈱	1. 遅くとも2000年から早くとも2011年7月頃まで 2. 遅くとも2005年から早くとも2011年10月まで	1. トヨタ向けベアリング 2. 日産向けステアリング装置	2013年9月26日	1375万ドル
日本精工㈱	遅くとも2000年から早くとも2011年7月頃まで	トヨタ向けベアリング	2013年9月26日	6820万ドル
山下ゴム㈱	遅くとも2003年4月から早くとも2012年5月頃まで	北米ホンダ、ホンダ、スズキ向け防振ゴム装置	2013年9月26日	1100万ドル
山下ゴム㈱社員	遅くとも2000年1月から早くとも2012年5月頃まで	北米ホンダ、ホンダ、スズキ向け防振ゴム装置	2013年9月26日	禁固1年1日 2万ドル

企業名または個人名	違反行為が行われた時期	関連市場	公表の時期等	罰金または懲役
光ディスクドライブ				
㈱日立ＬＧデータストレージ	1. 遅くとも2004年6月頃から早くとも2009年9月頃まで 2. 遅くとも2007年6月頃から早くとも2008年3月頃まで	1. Dell またはHewlett-Packardに対して販売する光ディスクドライブ（13種類に分類） 2. Microsoftに対して販売する光ディスクドライブ	2011年10月27日	2110万ドル
航空運賃等				
日本航空㈱	遅くとも2000年4月1日から早くても2006年2月14日まで	米国等における顧客に対する国際航空貨物サービス	2008年4月16日	1億1000万ドル
全日本空輸㈱	1. 遅くとも2000年4月1日から早くても2006年2月14日まで 2. 遅くとも2000年4月1日から早くても2004年4月1日まで	1. 米国等における顧客に対する国際航空貨物サービス 2. 米国等における顧客に対する国際航空顧客サービス	2010年11月2日	7300万ドル
国際航空貨物運賃の価格カルテル				
日本貨物航空㈱	遅くとも2000年1月1日から早くとも2006年2月14日まで	米国等における顧客に対する国際航空貨物サービス 米国発または米国着の国際航空貨物サービス	2009年4月7日	4500万ドル
㈱ジャルカーゴセールス 元社長	遅くとも1999年12月から早くとも2006年2月まで		2010年11月16日	公判請求
日本貨物航空㈱ 役員	遅くとも1999年12月から早くとも2006年2月まで		2010年11月16日	公判請求
日本貨物航空㈱ 役員	遅くとも2001年6月から早くとも2006年2月まで		2010年11月16日	公判請求
冷却コンプレッサー				
パナソニック㈱	遅くとも2004年10月14日から2007年12月31日頃まで	米国等における顧客に対して販売する冷蔵庫および冷凍庫用冷却コンプレッサー	2010年9月30日	4910万ドル
液晶パネル				
シャープ㈱	1. 遅くとも2001年4月1日頃から早くとも2006年12月1日頃まで 2. 遅くとも2005年9月1日頃から早くとも2006年12月1日頃まで 3. 遅くとも2005年秋頃から早くとも2006年中旬頃まで	1. Dell向けに販売するコンピューターモニター用TFT液晶ディスプレイパネル 2. Apple向けに販売するiPod用ＴＦＴ液晶ディスプレイパネル 3. モトローラ向けに販売する携帯用ＴＦＴ液晶ディスプレイパネル	2008年12月12日	1億2000万ドル
㈱日立ディスプレイズ	遅くとも2001年4月1日頃から早くとも2004年3月31日頃まで	Dell向けに販売するコンピューターモニター用TFT液晶ディスプレイパネル	2009年5月22日	3100万ドル

企業名または個人名	違反行為が行われた時期	関連市場	公表の時期等	罰金または懲役
㈱フジクラ 社員	遅くとも2005年9月から早くとも2010年2月まで	富士重工向けワイヤーハーネス	2013年9月19日	公判請求
㈱フジクラ 社員	遅くとも2005年9月から早くとも2010年2月まで	富士重工向けワイヤーハーネス	2013年9月19日	公判請求
㈱デンソー	1. 遅くとも2000年1月から早くとも2010年2月まで 2. 遅くとも2000年1月から早くとも2010年2月まで	1. 米国等の自動車製造者に対して販売される電子制御ユニット（ECU） 2. 米国等の自動車製造者に対して販売されるヒーター操作パネル（HCP）	2012年1月30日	7800万ドル
㈱デンソー 社員	遅くとも2006年8月から早くとも2009年6月まで	米国等の自動車製造者に対して販売されるヒーター操作パネル（HCP）	2012年5月15日	禁固1年1日 2万ドル （受刑場所：TAFTCI、刑期終了：2013年11月21日）
㈱デンソー 社員	遅くとも2005年7月から早くとも2008年7月まで	米国等の自動車製造者に対して販売されるヒーター操作パネル（HCP）	2012年4月27日	禁固14カ月 2万ドル （受刑場所：TAFTCI、刑期終了：2013年12月23日）
㈱デンソー 社員	2010年2月及び3月	海外でトヨタ自動車向けの製品販売を担当していた2010年に、司法省のデンソーに対する捜査を妨害するため、大量の電子メールや文書を削除	2014年2月20日	禁固1年1日
㈱デンソー 社員	遅くとも2009年から早くとも2010年2月まで	ホンダその他OEMメーカー向け、米国およびその他の地域で販売される計器盤	2014年6月30日	禁固1年1日 2万ドル
㈱デンソー 社員	遅くとも2005年8月から早くとも2008年12月まで	米国およびその他の地域でトヨタおよび北米トヨタ等に対して販売されるヒーター操作パネル（HCP）	2013年5月21日	禁固16ヶ月 2万ドル
㈱デンソー 社員	遅くとも2008年6月～2010年2月	米国およびその他の地域でトヨタに対して販売されるヒーター操作パネル（HCP）	2013年5月21日	禁固15ヶ月 2万ドル
㈱ジーエスエレテック	遅くとも2003年1月から早くとも2010年2月まで	米国等の自動車製造者に対して販売されるスピードセンサーのワイヤー群	2012年3月15日	275万ドル
㈱ジーエスエレテック 社員	遅くとも2003年1月から早くとも2010年2月まで	米国等の自動車製造者に対して販売されるスピードセンサーのワイヤー群	2013年9月11日（公判請求） 2014年7月31日（有罪答弁）	公判請求 禁固13ヶ月 2万ドル
マリンホース				
㈱ブリヂストン	遅くとも1999年1月から早くとも2007年5月まで	米国等において販売されるマリンホース	2011年9月9日	2800万ドル （ただし、FCPA違反を含む。）

企業名または個人名	違反行為が行われた時期	関連市場	公表の時期等	罰金または懲役
矢崎総業㈱	1. 遅くとも2000年1月から早くとも2010年2月まで 2. 遅くとも2002年12月から早くとも2010年2月まで 3. 遅くとも2004年3月から早くとも2010年2月まで	1. 米国等の自動車製造者に対して販売される自動車用ワイヤーハーネスおよび関連部品 2. 米国等の自動車製造者に対して販売される計器パネル群 3. 米国等の自動車製造者に対して販売されるヒューエル・センダー 米国等の自動車製造者に対して販売される自動車用ワイヤーハーネスおよび関連部品	2012年1月30日	4億7000万ドル
矢崎総業㈱ 社員	遅くとも2000年1月から早くとも2010年2月まで		2012年1月30日	禁固24カ月 2万ドル （受刑場所：LOMPOCUSP、刑期終了：2013年3月4日）
矢崎総業㈱ 社員	遅くとも2000年1月から早くとも2010年2月まで		2012年1月26日	禁固24カ月 2万ドル （受刑場所：LOMPOCUSP、刑期終了：2013年3月4日）
矢崎総業㈱ 社員	遅くとも2002年1月から早くとも2010年2月まで		2012年1月26日	禁固15カ月 2万ドル （受刑場所：LOMPOCUSP、刑期終了：2013年7月9日）
矢崎総業㈱ 社員	遅くとも2003年9月から早くとも2010年2月まで		2012年1月27日	禁固15カ月 2万ドル （受刑場所：LOMPOCUSP、刑期終了：2013年7月9日）
矢崎総業㈱ 社員	2000年1月頃から早くても2007年9月まで		2012年6月7日	禁固14カ月 2万ドル （受刑場所：LOMPOCUSP、刑期終了：2013年11月18日）
矢崎総業㈱ 社員	遅くとも2003年1月から早くとも2009年2月まで	米国等の自動車製造者に対して販売される計器パネル群	2012年9月26日	禁固14カ月 2万ドル （受刑場所：LOMPOCUSP、刑期終了：2013年11月18日）
㈱フジクラ	遅くとも2006年1月から早くとも2010年2月まで	米国等の自動車製造者に対して販売される自動車用ワイヤーハーネスおよび関連部品	2012年4月23日	2000万ドル

【資料1】米国司法省における近年の日本企業に対する主な摘発事例

企業名または個人名	違反行為が行われた時期	関連市場	公表の時期等	罰金または懲役
温度調整機器				
㈱東海理化電機製作所	遅くとも2003年から早くとも2010年2月まで（なお、調査妨害については、2010年2月頃）	米国等において販売される自動車に設置される温度調整機器	2012年10月30日	1770万ドル
㈱東海理化電機製作所 社員	遅くとも2003年から早くとも2010年2月まで（なお、調査妨害については、2010年2月頃）	米国等において販売される自動車に設置される温度調整機器	2014年5月22日	公判請求
自動車向け計器				
日本精機㈱	遅くとも2008年4月から早くとも2010年2月にかけて	米国において販売される自動車に設置される計器	2012年8月28日	100万ドル
航空貨物				
ヤマトグローバルロジスティクスジャパン㈱	遅くとも2002年9月ごろから早くとも2007年11月ごろまで	日本から米国への航空貨物サービス	2012年9月19日	232万6774ドル
㈱近鉄エクスプレス	遅くとも2002年9月ごろから早くとも2007年11月ごろまで	日本から米国への航空貨物サービス	2012年9月28日	1046万5677ドル
㈱阪急阪神エクスプレス			2011年9月27日	452万2065ドル
日本通運㈱			2011年9月26日	2111万5396ドル
㈱日新			2011年9月28日	264万4779ドル
西日本鉄道㈱			2011年9月27日	467万3114ドル
㈱バンテック			2011年9月27日	333万9648ドル
商船三井ロジスティクス㈱	遅くとも2002年9月ごろから早くとも2007年11月ごろまで	日本から米国への航空貨物サービス	2011年9月29日	184万ドル
ワイヤーハーネス				
古河電気工業㈱	遅くとも2000年1月から早くとも2010年1月まで	米国等の自動車製造者に対して販売される自動車用ワイヤーハーネスおよび関連部品	2011年9月29日	2億ドル
古河電気工業㈱ 社員	遅くとも2003年4月から早くとも2009年7月まで		2011年10月24日	禁固1年1日 2万ドル （受刑場所：LOMPOCUSP、刑期終了：2013年2月22日）
古河電気工業㈱ 社員	遅くとも2004年1月から早くとも2009年6月まで		2011年10月13日	禁固15カ月 2万ドル （受刑場所：LOMPOCUSP、刑期終了：2013年4月8日）
古河電気工業㈱ 社員	遅くとも2003年4月から早くとも2009年7月まで		2011年11月10日	禁固18カ月 2万ドル （受刑場所：LOMPOCUSP、刑期終了：2013年5月1日）

【著者紹介】

山口 利昭（やまぐち としあき） 弁護士、公認不正検査士

山口利昭法律事所代表

企業価値を左右する様々な問題に対し、企業法務関連の専門的視点から鋭く切り込む弁護士。企業統治・内部統制システム構築・コンプライアンス経営等の分野に関心を寄せる。法務的知見だけでなく会計的知見も加味した解説・具体策提案には定評があり、多くの企業・経営者から注目が集まる。

人気ブログ「ビジネス法務の部屋」（アルファブロガー・アワード受賞）は、業種を問わず数多くの読者を有している。

㈱ニッセンホールディングス社外取締役、大東建託㈱社外取締役、日本内部統制研究学会理事、日本公認不正検査士協会理事、特定非営利活動法人日本コーポレート・ガバナンス・ネットワーク理事などを歴任。

〈主要著書〉

『法の世界からみた会計監査―弁護士と会計士のわかりあえないミゾを考える―』（同文舘出版、2013年）。

『不正リスク管理・有事対応―経営戦略に活かすリスクマネジメント―』（有斐閣、2014年）。ほか多数。

井上　朗（いのうえ あきら） 弁護士、NY州弁護士、法学博士（中央大学）

ベーカー＆マッケンジー法律事務所（外国法共同事業）パートナー

10年以上にわたり、クロスボーダー性の高い独占禁止法および競争法案件に一貫して対応してきているクロスボーダーアンチトラスト案件の専門弁護士。複数の国際カルテル案件で、Lead Counselを務めている。また、これらの分野では、国内外の企業及び政府関係者から高い評価を受けている。

ベーカー＆マッケンジーGlobal Antitrust GroupのAbuse of Dominance Task ForceやAsia Pacific Competition Group、東京事務所独占禁止法グループの運営委員などを歴任。Chambers Asiaにおいて独占禁止法分野の「Leading Individual」に選出されている。

〈主要著書〉

Global Antitrust Compliance Handbook（共著、Japan Chapter担当）（Oxford University Press, 2014）.

Antitrust Enforcement in Japan- History Rhetoric and Law of Antimonopoly Act（第一法規、2012年、連邦議会図書館及び国立国会図書館所蔵）。

ほか多数。

龍　義人（りゅう　よしひと）

組織マネジメントアドバイザー、認定コンプライアンス・アドバイザー

米国のロースクールにて法学修士課程（LL.M.）を修了。上場企業の反トラスト法違反事件に関わり、複数年にわたって、米国司法省との厳しい対応や多数のクラスアクションを担当した経験をもつ。それらの経験から得た、コンプライアンスやガバナンス関連の広い知見をもとに、企業のアドバイザーや雑誌等への執筆を行っている。

平成26年９月30日　　初版発行　　　　　　　　　略称：国際カルテル

国際カルテルが会社を滅ぼす

―司法取引、クラスアクションの実態と日本企業の対応―

著　者 ©　山口利昭
　　　　　　井上　朗
　　　　　　龍　義人
発行者　　中島治久

発行所　同文舘出版株式会社
東京都千代田区神田神保町１-41　〒101-0051
営業（03）3294-1801　編集（03）3294-1803
振替 00100-8-42935 http://www.dobunkan.co.jp

Printed in Japan 2014　　製版　一企画
印刷・製本　三美印刷

ISBN978-4-495-46501-8